国际小学科学课程标准概论

和继军　编著

中国水利水电出版社
www.waterpub.com.cn
·北京·

内 容 提 要

本书依据当前小学科学课程的发展趋势和主要特点，选取美国有代表性的两个州，英国和日本作为科学教育案例国家，系统介绍了三个国家的小学科学课程标准，分析他们各自的特点，以期为中国及其他国家的小学科学课程开设和内容设置提供借鉴。全书共4章，第1章和第2章分别阐述了美国密西西比州和加利福尼亚州的小学科学课程标准，第3章和第4章分别阐述英国和日本的小学科学课程标准。

本书可作为小学教育及相关专业的通用教材，亦可作为一线小学科学教师日常学习和教学实践参考用书。

图书在版编目（CIP）数据

国际小学科学课程标准概论 / 和继军编著. -- 北京：中国水利水电出版社，2017.11
ISBN 978-7-5170-6076-5

Ⅰ．①国… Ⅱ．①和… Ⅲ．①科学知识－课程标准－小学 Ⅳ．①G623.62

中国版本图书馆CIP数据核字(2017)第287524号

书　　名	**国际小学科学课程标准概论** GUOJI XIAOXUE KEXUE KECHENG BIAOZHUN GAILUN
作　　者	和继军　编著
出版发行	中国水利水电出版社 （北京市海淀区玉渊潭南路1号D座　100038） 网址：www.waterpub.com.cn E-mail：sales@waterpub.com.cn 电话：(010) 68367658（营销中心）
经　　售	北京科水图书销售中心（零售） 电话：(010) 88383994、63202643、68545874 全国各地新华书店和相关出版物销售网点
排　　版	中国水利水电出版社微机排版中心
印　　刷	北京九州迅驰传媒文化有限公司
规　　格	170mm×240mm　16开本　8.75印张　122千字
版　　次	2017年11月第1版　2017年11月第1次印刷
定　　价	**49.00元**

FOREWORD 前 言

国家课程标准是国家对基础教育课程的基本规范和要求的具体体现，主要以学科课程标准为主要形式。课程的复杂性与多样性决定了课程标准是一个庞大的体系。根据系统论的观点，课程标准应该是按照一定类别与作用构成的课程标准系统，是一个由不同学段、不同层级、不同领域、不同指向组成的课程标准系统。课程标准还应从各个方面与角度对基础教育性质的课程、课程目标与课程内容做较为详尽的描述和规定，对于课程的实施过程与评价体系也应做相关要求，给出具体可行的建议。总之，课程标准是基础教育改革的重要部分和枢纽。

而对于不同的国家和地区，由于经济文化和教育资源的不同，各个国家所研制的基础教育课程标准也是不大相同的，在课程标准的体系结构和内容选取及实施建议等方面也会存在较大的差异，并且各个国家在课程标准中反映出来的基础教育课程的侧重点也会有所区别。学科课程标准是针对各级各类不同学科或相关合并学科制定的课程标准，它规定了学科课程的基本要素、内容、拟达到的指标以及课程实施活动与过程的规则（或导则），是衡量与规范学科课程的尺度。学科课程标准是整个课程标准体系的核心标准，在很多情况下，人们通常说的课程标准实际上指的就是学科课程标准。

　　小学科学课程标准是小学阶段科学教材编写、教学、评估和考试命题的依据，是国家对小学科学教育进行管理和课程评价的基础，它规定了小学阶段科学课程的性质、目标、内容、设置，提出科学教学和评估建议等，体现了国家对小学阶段学生基本科学素质的要求。因此，课程目标、课程设置、课程内容和课程评价便构成了课程标准的重要组成部分。科学课程标准是科学课程的准绳，它对新教材、教学和教学评估具有积极的导向和调控作用，也是新教材、教学和教学评估的出发点和归宿。

　　20世纪中叶以来，国际上出现了三次意义重大的基础教育课程改革，科学教育改革一直是各国历次教育改革的重点，科学课程的设置也成了科学教育改革的核心，其中针对中小学科学课程的改革引人瞩目。美国是现代科学课程第一次改革的发源地，其科学课程改革的经验在不同时期推动了国际小学科学课程改革；英国教育和科学部颁布的国家科学教育课程标准及其几次修订和完善，以及日本文部省颁布的小学科学教学大纲《日本小学理科学习指导要领》及其后来的修订和完善，也具有时代代表性。随着科学教育课程标准的不断发展，小学阶段的科学课程在学校课程中的地位显著提高，成为核心课程，如我国2017年正式颁布的《义务教育小学科学课程标准》规定从1年级开始设置科学课程，明确其核心课程地位。

　　纵观世界科技发展趋势和水平，美国的科学技术水平领先于世界其他各国；英国作为工业革命的发源地，时至今日其科技发展水平仍居世界前列；亚洲的日本在世界经济和科技领域占有重要地位。相对于中国，这些国家均较早实施了科学课程改革，并推动了其国家总体科技水平发展，且这三国的科学课程标准各具特色，其呈现方式也有所差异。美国的科学课程标准在于通过多年的学校学习，积极从事科学和工程的实践与应用，通过共通概念的学习来加深核心理念领域知识的理解。英国的科学课程标准主要通过科学课程的学习促进学生精神、道德、社会和文化的发展，提高学生解决问题的能力和促进其他课程的学习。日本的科学课程标准在于亲近自然，有目的地进行观察和实验，培养解决问题的能力和热爱自然的情感，同时达到对自然事物和现象的理解，培养科学的看法和观点。因此本书主要选择上述三个国家的小学科学课程标准进行论述，以期对我国小学科学课程的发展提供借鉴，为我国小学教育一线教师提供参考。为了尽量体现原资料的本意，除在每章开始之处有适当论述和介绍外，其余部分均尽量遵照原文翻译。

本书是集体劳动的成果，在出版过程中得到了中国水利水电出版社的大力支持，在书写及成稿过程中得到了首都师范大学曾小平、李春雷两位老师的大力支持，在此表示诚挚的感谢。同时也感谢吴斌、郝万露、石磊、李穆雯、曾为平，他们在本书资料收集及翻译校对方面付出了辛勤的工作。同时还有一些参与本工作并付出辛苦的其他人员，在此一并表示衷心感谢。由于本书涉及内容较为广泛，加之作者水平有限，书中难免有疏漏和不足之处，真诚希望各位读者给予指正。

作者

2017 年 11 月

CONTENTS 目 录

第一章

美国密西西比州小学科学课程标准❶

第一节 概 述

美国拥有多年的科学教育思想史，并且是现代国际科学课程第一次改革的发源地，其科学课程改革的经验在不同时期推动了国际小学科学课程改革。美国尽管有一些国家层面的专业机构或教育政策机构对教育标准和课程提出了建设性的意见，但是在教育领域并没有联邦政府层面上的全国通用课程标准。在美国，教育是州政府和当地政府的主要社会职责所在，美国教育部成立时，国会已经明确规定严禁教育部部长及其他教育部门官员对任何教育机构、学校或学校系统的课程教学大纲、管理或人事安排进行干涉，且不能施加任何指导性、监督性或控制性的影响。在美国，学校和大学的建立、课程体系的发

---

❶ 资料来源：美国密西西比州教育委员会，科学课程框架，2010.

展、学生注册和毕业相关规定的具体制定均由州政府和社会团体负责。这些社会团体不仅有政府性质的组织，也有民间组织。因此在美国各个州政府具体负责各自州的课程标准，并制定相关课程发展计划。

但是，由于美国是联邦制国家，美国宪法规定联邦政府未涉及的立法权力归美国各州，而美国联邦政府未对教育立法进行规定，所以美国的课程标准均由各州进行制定并颁布实施，即使是在某个州内，教育也是有很大的自主性。因此，美国没有统一的课程标准，其课程目标是联邦统一领导与地方分权的结合，各个州的小学科学课程标准有一定的差异性。有的州的小学课程标准中只是根据学龄段的差异性提出相应基本标准和具体目标，具体课程由各个学校根据州政府的总体框架中基本标准和相应目标来实施相关课程。也有的州会提出详细的小学科学课程标准，在课程标准中会详细说明相应年级应该学习的具体内容、预期目标、所需材料等。

总体来看，其各州的小学科学教育课程目标主要围绕科学素养，通过学生对生命体的特性与周期以及生命体和环境之间联系等方面的学习，来培养小学生对科学基本的理解能力。美国小学科学教育总目标对科学教育课程目标的设计和发展等方面有着重要的意义，其标准强调："所有的学生不分年龄、性别、文化和种族背景、残障与否、对科学的兴趣与动机以及志向如何，都应该有机会接受科学教育，以使自己具有高水平的科学素养。"这一原则充分强调了教育的公平，并立足全体学生的发展。

美国各个州没有独立的小学科学课程标准，在美国小学科学课程标准是包含在科学课程标准中的。在该标准中是按照从幼儿园到高中一贯制制定科学课程标准的，即 K－12 级科学课程标准（Kindergarten，代表幼儿园或学前阶段，12 代表 12 个年级）。在美国一般 3～4 岁进入前幼儿园阶段（Prekindergarten），是美国儿童接受的最初课堂教学，并为儿童在 5 岁时正式进入幼儿园或学前班做准备；儿童在 6 岁时时正式进入 1 年级，开始 1～12 年级的系统学习。同时，美国把学前至 12 年级（K－12）的教育阶段分为两个等级，幼儿园至 8 年级（K－8）为第一个学习阶段（幼儿园至初中阶段），9～12 年级为第二个学阶段（高中阶段）。在美国高中教育阶段的学制是 4 年，全美是统一的，但是在第一个教育阶段中，小学教育和初中教育在不同学区间是有差异的。小学和初中教育阶段划分主要采用以下两种形式：有些学区小学教育采用 5 年制（1～5 年级）、初中为 3 年制（6～8 年级）；另外一些学区小学教育采用 6 年制（1～6 年级）、初中为 2 年制（7～8 年级）。例如美国密西西比州牛津市的第一个教育阶段中小学学习阶段采用 6 年级制，初中采用 2 年制。鉴于美国科学课程标准的特殊性，以及美国的代表性，同时考虑借鉴作用，本书中选取密西西比州和加利福尼亚州的科学课程标准中的 K－6 年级段作为小学科学课程标准。

密西西比州位于美国南部，北接田纳西州，东界亚拉巴马州，紧邻密西西比河东岸和墨西哥湾，是美国相对传统的农业州，经济排名相对靠后。加利福尼亚州位于美国太平洋西海岸，北接俄勒冈州，东界内华达州和亚利桑那州，南邻墨西哥。加利福洲是移民大州，经济和科技发达，2017 年经济规模首次超过英国，世界排名第五，世界著名的高科技产业区-硅谷就位于该州。同时，加利福尼亚也是美国最城市化的一个州。因此，密西西比州和加利福尼亚州是美国最具代表性的两个州。

第二节　密西西比州小学科学课程标准概述

一、任务简介

密西西比教育主管部门致力于学生成功，包括提高学生在科学方面的成就，以培养在科技社会中能够做出复杂决策，解决复杂问题，并能流畅进行交流的公民。该科学课程框架于 2008 年开始编制，2010 年开始正式实施，其目的是通过利用 2010 年科学课程框架，教师将鼓励学生对科学内容进行更深入的思考，从而提高学生对科学的认识。该框架是基于所有孩子都可以学习为前提的，高期望也将能取得高成就。

二、目标

2010 年密西西比科学框架的主要目的是为幼儿园至 12 年级（K－12）教师的课程开发提供依据。该框架提供了学生应通过学习达到的能力和目标。2010 年密西西比科学框架取代了 2001 年密西西比州科学框架。框架的内容集中在探究物理科学、生命科学、地球与空间科学等方面。这些领域的教学旨在揭示学生体验科学应该重视的经验，提高学生对科学应用能力的信心，帮助学生学习沟通和理性推论。2010 年密西西比州科学框架为教师提供了跨层次的系统化进程，旨在确保学生发展在追求职业或继续教育时需要的基本科学概念。

三、组织形式

2010 年密西西比科学框架的课程由第一学习阶段（K - 8 级，即幼儿园、小学和初中教育阶段）和第二学习阶段（9～12 年级，即高中教育阶段）组成。其一般性描述包括目的、概述和建议的先决条件，可以在各年级或课程的课程大纲之前找到。2010 年密西西比科学框架课程纲要的基本格式见表 1 - 1（以 5 年级为例）。

表 1 - 1 　　　　　　　5 年级课程组织形式

内容 （包括领域）	探究、生命科学、物理科学、地球与空间科学	
具体领域	地球与空间科学	
	能力和目标	了解地球物质，天空中的物体以及地球和天空的变化 a. 总结天气如何变化 ● 天气变化不一，季节变化 ● 观测、记录和预测天气的工具

四、学习的领域

2010 年密西西比科学框架由生命科学、地球与空间科学和物理科学三个内容链组成。五个学习过程链是：科学探究，概念与过程的统一性，科学与技术，个人和社会视角科学，科学史与自然。三个内容链以及五个过程链结合起来，为 K－12 科学的教学提供连续性。尽管整个框架中没有列出过程链，但是在呈现课程内容时，应该融入这些链。内容链和过程链相互融合，整合并嵌入到教师的每日课程计划中。

探究被列为独立的一部分，以强调发现问题、观察、实验、测量、解决问题、使用科学工具、收集数据和沟通结果的能力。探究不是孤立的教学单元，它必须嵌入整个内容。

科学探究是指科学家研究自然世界的不同方式，并根据工作中得出的证据提出解释。探究也涉及学生对科学思想的理解以及对科学家如何研究自然世界的理解的活动（国家科学教育标准，23 页）。

五、能力要求

能力不需要按照框架中提出的顺序进行教学。能力以轮廓形式呈现，以保持一致性，并在整个框架内方便参考。能力的要求是较宽泛的，以便学区和教师灵活地创建一个满足学生需求的课程。它们可能涉及一个、许多或所有科学框架链，并且可以在整个学年结合和教授其他能力。能力为教学过程提供一般性的指导，而不是针对孤立的教学单元、活动或技能。能力并不是被教授并记录为"掌握"的内容技能列表。

六、目标

目标揭示了如何通过每个年级的课程内容和概念的发展来实现能

力。许多目标是相互关联的而不是顺序的，这意味着目标不是按照提出目标的具体顺序进行教学，可以同时而且应该教授多个目标。小学/中学科学考试和生物学科将根据框架中发现的目标来开发学科领域考试。小学/中学科学考试和生物学科目区域考试中至少有 50％的考试必须符合分配给每个能力目标的知识深度（DOK）水平。知识深度的水平在每个目标结束时都有显示。

七、知识深度

2010 年密西西比州科学框架的每个目标均已根据 Norman L. Webb 博士的工作分配了知识深度（DOK）。知识深度水平帮助管理人员、教师和家长了解学生想知道什么和做什么。标准（即能力和目标）在复杂性方面不同。一些目标期望学生重现一个事实或完成一系列的步骤，而另一些则期望学生推理，扩展思维，从多个来源合成信息，并随着时间的推移产生重大的工作。教师必须知道目标需要什么级别的复杂性，以确保学生接受事先指导或有机会学习将要展示或执行的层面的内容。教师必须创建评估内容，以确保学生从评估中引出的内容与学生在目标中所预期的认知和做法相同。

2010 年密西西比科学框架使用了四个层次的知识深度。这些级别是基于两个主要因素的层次结构。一个因素是复杂性。复杂性将取决于活动的抽象性，简单的知识和技能必须被回忆或绘制的程度，所需的认知处理量，使用的内容概念的复杂性，必须被回忆的内容的数量或借鉴，缺乏常规，以及需要有意义地扩展知识或产生新的发现。

另一个因素是参加等级考试的学生已经接受了先前的指导或有机会学习内容。解决复杂知识的目标和评估项目，如果所需的知识是公认的，仍然可以具有较低的知识深度水平，而在正常教学阶段的学生应该有机会学习如何（习惯性的）执行的。

知识深度的四个层次如下：

1级（回顾），包括召回信息，如事实、定义、术语或简单的过程，以及执行简单的算法或应用公式。表示1级的其他关键词包括"识别""召回""认识""使用"和"测量"。动词如"描述"和"解释"，可以根据不同的级别进行分类、说明和解释。

2级（技能/概念），包括一些心理过程的参与超出了习惯性的反应。2级评估项目要求学生做出关于如何处理问题或活动的一些决定，而1级要求学生能回答已记住的知识，执行一个已知的算法，遵循一个设定的过程（如食谱）或执行一系列明确的步骤。通常区分2级项目的关键词包括"分类""组织""估计""观察""收集和显示数据"和"比较数据"。这些动作意味着不止一步。例如，要比较数据需要首先识别对象或现象的特征，然后对对象进行分组或排序。一些动作，例如"说明""描述"或"解释"可以根据动作的对象被分类到不同的级别。例如，如果一个项目要求学生通过指出光和热之间存在的关系来解释光如何影响质量，这被认为是2级。从简单的图解读信息，需要从图中读取信息，也认为是2级。从复杂图形中解读信息，需要对图形的某些特征进行一些决策，以及图表中的信息是如何聚合的，是3级。注意将2级解释为只有技能，因为一些评论者将非常狭隘地理解技能，主要是数字技能，这种解释从这个层面排除了其他技能，如可视化技能和概率技能，这可能更复杂，只是因为他们不常见。其他 2 级活动包括说明实验程序、目的和用途；进行实验操作；进行观察和收集数据并进行分类、组织和比较数据；以及将数据通过各种图表的形式进行展示。

3 级（战略思考），需要推理、规划、运用证据，需要进行比前两个层次更深层次的思考。在大多数情况下，要求学生解释他们的想法是 3 级的要求。要求学生做出猜想的活动也在这个水平。3 级的认知需求是复杂和抽象的。这种复杂性并不是由于存在多个答案（对于 1 级和 2 级可能存在这种因素），而是因为任务需要更高要求的推理。然而，一项活动的答案可能不止一种，这就要求学生证明他们给予的解释是合理的，这是 3 级最有可能需要的。其他 3 级活动包括从观察中得出结论、引用证据和形成合理论点支持概念、依据解释现象，并利用概念解决问题。

4 级（扩展思维），需要在很长一段时间内进行复杂的推理、规划、开发和思考。如果所需工作只是重复性，增加时间段不属于扩展思维的因素，不需要应用重大的概念理解和高阶思维。例如，一个学生在一个月内每天要从河流中测量水温度，然后建立一个图表，这将被分类为 2 级。但是，如果学生要进行一项需要考虑一些变量的河流研究，这将是属于 4 级。在 4 级，任务的认知需求应该很高，工作也比较复杂，需要学生进行多方面的联系，将内容区域内或内容区域间的想法联系在一起，并且必须在如何解决问题的多种方式之间选择一种方法，以达到最高水平。4 级活动包括：设计和实验，将发现与相关概念和现象联系起来，把想法融合成新的概念，并评判实验设计。

八、科学标准的修订过程

由学区管理人员及其他人士提名，密西西比科学课程写作小组成立于 2005 年 7 月。该小组的目的是起草一个新的科学框架，该团队由整个密西西比州的教师、行政人员和大学教授组成。

为了充分了解科学教育的方向，写作小组审查了"国家科学教育标准（National Science Education Standards)""科学素养基准（Benchmarks for Science Literacy)""2010 年国家教育进步评估科学框架（NAEP)"，以及现有文献和研究成果。这些资源是本框架发展的基础。

密西西比州教育部门征求了诺曼·韦伯集团（Norman Webb Group）和其他外部评估机构意见，通过强调严谨的科学内容和符合国家标准，以确保科学的纵向流动。

九、修订周期

所有密西西比州的课程标准的修订周期是 6 年。一般在一个课程标准实施 3 年后，会选择一个写作团队对目前正在设施的课程标准进行评议，主要依据科学内容教授过程中能够反映州和国家层面的教育发展趋势的最好的实践案例，对课程标准进行修订。具体修订过程一般为 2 年。

目前密西西比州的科学课程标准，即 2010 年密西西比科学课程标准，修订始于 2008 年，完成于 2010 年。因此，2008—2010年为该课程标准的试运行阶段，正式实施的年份为 2010—2011 年。

十、学习序列

学生将按照完成不同年级水平的学习不断进入高一年级，直到升入 8 年级，然后进入学科课程学习阶段，即该阶段学习适用于 9～12 年级的学生（美国的高中学习阶段）。

表 1-2 是一些建议第二学习阶段课程序列的选项。

表 1-2　　　　建议第二学习阶段的课程序列选项

年级	选项 1	选项 2	选项 3	选项 4
9	物理科学	生物 I	生物 I	选修
10	生物 I	化学	选修	生物 I
11	地球科学	物理	选修	选修
12	选修	选修	选修	选修

十一、实验室科学课程

2010 年密西西比州科学框架的设计使所有科学课程都充当实验室课程。实验室课程要求有 20％的教学时间花在实验室经验中。"学校实验室调查"（也称为实验室）被定义为实验室、课堂或领域的经验，为学生提供与自然现象直接交互的机会，或者使用工具、材料、数据收集技术和模型收集的数据（国家研究委员会，2006 年，第 3 页）。

实验室物理科学课程的区别如下：

物理科学

化学

物理

AP 化学

AP 物理 B

AP 物理 C－电和磁性

AP 物理 C－力学

十二、科学课程与选修课

第二阶段学习的科学课程和选修课程包括在 2010 年密西西比州科学框架，见表 1－3。

表 1－3　　　　2010 年密西西比州科学框架

科学框架	课　程	学　分
物理科学	物理科学	1
	物理	1
	化学	1
	有机化学	0.5
生命科学	生物学导论	1
	生物Ⅰ	1
	生物Ⅱ	1
	基因	0.5

续表

科学框架	课 程	学 分
生命科学	微生物	0.5
	植物学	0.5
	动物学	0.5
	海洋与水生科学	0.5
	人类解剖与生理学	1
	生物医学研究	1
地球与空间科学	地球与空间科学	1
	环境科学	0.5
	地质学	0.5
	天文学	0.5
	航空航天学	0.5
	空间信息科学	0.5 或 1
其他	实地经验	0.5

十三、国家科学教育标准包含以下重点变更

（1）不太重要

——了解科学事实和信息；

——根据自己的兴趣，学习物质、生命、地球科学学科；

——分离科学知识和科学过程；

——涵盖许多科学课题；

——实施探究作为一组流程。

（2）比较重视

——了解科学概念，发展探究能力；

——在个人和个人的探究、技术、科学的背景下学习主体学科社会观点、科学的历史和本质；

——整合科学内容的各个方面；

——研究几个基本的科学概念；

——实施探究作为教学策略、能力和想法。

十四、发生变化的重点是强调探究

（1）不太重要

——展示和验证科学内容的活动；

——调查只限一个阶段；

——过程技能超出上下文；

——强调个人过程技能，如观察或推理；

——得到答案；

——科学探索与实验；

——个人和团体的学生分析和综合数据，而无需得出结论；

——做很少的调查，以便留下时间来涵盖大量的内容；

——实验结果作为结论；

——材料和设备管理；

——将学生思想和结论的私人沟通传达给老师。

（2）比较重视

——调查和分析科学问题的活动；

——长时间的调查；

——上下文中的流程技能；

——使用多种过程技能——操纵、认知、程序化；

——使用证据和策略来制定或修改解释；

——科学作为论证和解释；

——学生群体经常在辩护结论后分析和综合数据；

——进行更多的调查，以发展理解能力，探究价值和科学内容知识；

——应用实验结果；

——管理思想和信息；

——公众沟通学生的想法和工作。

十五、委员会建议

除了课程内容，科学框架修订小组还为密西西比州的学区提出了以下几项建议。

（1）初级科学教育至关重要。必须获得概念、原则、过程和技能，才能理解学生的看法、听力、阅读和解读。小学科学可以用来提高阅读理解能力，应该是小学教育的核心部分。

（2）科学教师应有更多的资源。设备、计算机程序、初级或相关文件和其他资源应成为全面科学教育计划的一部分。学区应促进收购适当的优秀教育资源。

（3）实验室科学课程的学生人数应限在 24 人以内。这使得实验室活动对于学生来说更加安全和有意义。

（4）基于实验室的科学课程应包括平均 20％ 的实验室活动的教学时间。这些教师应该有额外的计划时间来准备这些基本活动。

十六、框架内容及要求

密西西比科学框架由生命科学、地球与空间科学和物理科学三部分组成。五个过程链是科学作为探究、统一概念与过程、科学与技术、个人和社会视角的科学、科学的历史与性质。这三个内容链以及五个过程链结合在一起，为 K－12 科学的教学提供连续性。尽管整个框架中没有列出过程链，但是在呈现课程内容时，应该融入这些过程链。科学作为探究被列为独立的一部分，以便强调发展提出问题、观察、实验、测量、解决问题、收集数据和传达结果的能力。探究不是孤立的教学单位，必须嵌入整个内容。

小学/中学科学考试与生物学的专业领域考试与能力相一致。能力不需要按照框架中提出的顺序进行教学。能力以概括性的形式呈现，以便在整个框架内保持一致性并易于参考。能力要求也有意设计成宽泛性的，以便学区和教师灵活地创建一个满足学生需求的课程。他们可能涉及一个、许多或所有科学框架链，并且可以在整个学年结合和教授其他能力。能力为正在进行的教学提供指导，而不是孤立的单位、活动或技能。这些能力并不属于要求"掌握"的内容技能列表中的。

目标显示如何通过每个年级课程内容和概念的发展来实现能力要

求。许多目标是相互关联的而不是顺序的，这意味着目标不是按照提出目标的具体顺序进行教学，而是同时应该教授多个目标。

小学/中学科学考试和生物学科将根据框架中发现的目标来开发学科领域考试。小学/中学科学考试中至少有 50％ 的测试项目必须符合分配给每个能力目标的知识深度（DOK）。知识深度的水平在每个目标结束时都有显示。

第三节 幼儿园阶段

一、基本概述

幼儿园是所有其他正式学习经历的基础。学生探索生物/非生物、五种感官、营养、磁铁、物质、非标准测量单位、图表、地球和环境问题。重点是实践科学、探究、自我发现、合作学习、沟通和终身学习。

二、基本组织形式

1. 领域

幼儿园阶段的学习领域包括探究、物理科学、生命科学、地球与空间科学四个部分。

2. 能力与目标

（1）探究

提出问题，通过科学调查找到答案。

a. 通过提问来证明对一个简单调查的理解。（DOK 2）

b. 根据大小、形状、颜色和纹理对比，排序和分组对象。（DOK 2）

c. 识别用于收集信息的简单工具（标尺、温度计、秤和手镜）。（DOK 1）

d. 认识到人们一直对自己的世界有疑问，认识科学是回答问题和解释自然世界的一种方式。（DOK 1）

e. 用绘图和口头表达来表述想法。（DOK 2）

f. 认识到当一个科学调查以以前做过的方式进行时，预计会有非常相似的结果。（DOK 1）

（2）物理科学

识别物体和材料的属性，物体的位置和运动以及磁性的特性。

a. 根据其可观察特征，对物体和材料的属性进行分类。（DOK 2）

• 材料（如木材、纸、塑料、金属）

• 物质（固体或液体）

• 沉入水中或漂浮在水中的物体

b. 分解在敞开的容器（消失）中留下的水和留在密闭容器（剩余物）中的水会发生什么。（DOK 1）

c. 比较力和运动的类型。（DOK 1）

• 物体的外部运动（如直线、圆形、前后旋转）

• 物体的内部运动（如弯曲、拉伸）

d. 比较两个磁体之间的相互作用以及磁铁和其他物体（如铁、其他金属、木材、水）之间的相互作用。（DOK 1）

（3）生命科学

了解生物体的特征、结构、生命周期和环境。

a. 通过其物理特征（大小、外观、颜色）来对动物和植物进行分类。（DOK 2）

b. 比较和对比人体的物理特征。（DOK 1）

· 五种感官（视觉、气味、触觉、味觉、听觉）和相应的身体部位

· 六大体内器官（脑、皮肤、心、肺、胃、肠）

c. 当人感觉到饿的时候，区分人体的哪些部分是帮助搜寻，找到并且消化食物的。（DOK 1）

· 眼睛和鼻子用于发现食物

· 腿用于获得食物

· 胳膊用于拿走食物

· 嘴用来吃食物

d. 识别与父母相似的后代。（DOK 1）

e. 认识和比较生物和非生物材料之间的差异。（DOK 2）

（4）地球与空间科学

了解地球物质、天空物体以及地球和天空变化的特性。

a. 能够使用各种策略，对地球物质（例如黏土、淤泥、沙子、鹅卵石、砾石）进行筛选、分离和分类。（DOK 2）

b. 识别和描述地球物质（土壤、岩石、水和空气）的性质。（DOK 1）

c. 收集并显示当地的天气资料。（DOK 2）

d. 描述节约用水的方法。（DOK 2）

e. 描述太阳对生物和非生物的影响。（DOK 1）

- 加热土地、空气和水

- 帮助植物生长

f. 认识到太阳是地球上光和热量的来源，并能描述阴影随时间的变化。（DOK 2）

第四节　1　年　级

一、概述

1 年级的能力和目标是幼儿园概念的延伸。学生探索生物体的模式和多样性、太阳系的结构、地球表面的多样性、地球大气的变化、环境问题、物质变化和测量。学生开始使用实践科学活动和以探究为基础的学习，沟通和终身学习，了解科学和科学知识的本质。

二、基本组织形式

1. 领域

1 年级的学习内容包括探究、物理科学、生命科学、地球与空间科学四个部分。

2. 能力与目标

（1）探究

了解如何规划和进行简单的科学调查。

a. 通过提出关于对物体、生物体和事件的合适的问题来证明对一个简单调查的理解。（DOK 2）

b. 根据他们的属性物体进行对比、筛选和分类。（DOK 2）

c. 使用简单的工具（如尺子、秤、手镜、温度计、显微镜）来收集信息。（DOK 1）

● 长度，会使用非标准单位（如纸夹、立方体等）和标准单位（如英寸、厘米）

● 重量，会使用有和没有标准单位的天平

● 单位容量，会使用非标准单位

d. 能将一个简单的问题与该问题相关的技术解决方案结合起来（如钝的铅笔—铅笔刀，亮光—太阳镜，热的房间—风扇，头感到冷—帽子，重的婴儿—婴儿车）。（DOK 1）

e. 使用图表、书写和口头表达来描述想法或数据。（DOK 2）

f. 预测重复调查的结果。（DOK 2）

（2）物理科学

了解物体和材料的性质、物体的位置和运动以及热和磁性的特性。

a. 认识到大部分事物都是由不同部分组成的。（DOK 1）

b. 描述物体和物质的属性和变化。（DOK 1）

● 熔化和冷冻的过程

● 水如何蒸发并消失在大气中

● 冷水表面如何冷凝

c. 描述各种形式的运动和力量对物体的影响。（DOK 2）

- 不同形式的运动（滑动、滚动、直线、圆周、前后）

- 运动产生的影响（溢出、断裂、弯曲）

d. 分解两个磁体的相互作用和磁体与铁、其他金属和非金属制成的物体的相互作用。（DOK 1）

e. 描述一段时间内阴影的变化，并预测光源移动时阴影的外观变化。（DOK 2）

f. 比较和分类固体和液体。（DOK 2）

g. 识别产生声音的振动物体，并能对声音进行分类（如音调的高低、声音的大小）。（DOK 1）

（3）生命科学

了解生物体的特征、结构、生命周期、相互作用和环境。

a. 通过可观察的特征（如大小、外观、颜色、运动、栖息地）对动物和植物进行分类。（DOK 2）

b. 描述主要器官（脑、皮肤、心脏、肺、胃、肠、骨骼和肌肉）的主要功能。（DOK 2）

c. 食物传递的重要性，并解释身体如何利用食物。（DOK 2）

d. 用画图和比较描述动物从出生到成年的成长和变化。（DOK 2）

e. 识别植物和动物的基本需要，并认识到植物和动物都需要摄入水，动物需要食物，植物需要光照。（DOK 1）

f. 识别和标记植物各部位的名称。（DOK 2）

（4）地球与空间科学

了解地球物质、天空物体以及地球和天空变化的特性。

a. 比较和分类地球材料。（DOK 1）

- 岩石的物理属性（如大/小、重/轻、平滑/粗糙、硬/脆、暗/明等）

- 土壤的物理属性（如气味、质地、颜色等）

b. 识别地球地貌和水体（如大陆、岛屿、半岛、海洋、河流、湖泊、池塘、小溪）。（DOK 1）

c. 观察、识别、记录和以图表表示每天的天气条件。（DOK 2）

d. 分类导致水、空气或土地污染的行为类型。（DOK 2）

e. 收集、分类和展示利用太阳能量的方式。（DOK 2）

f. 识别光和阴影之间的关系，并说明月亮的形状如何随时间而变化。（DOK 1）

g. 区分每个季节的特征，并描述每个季节如何进入下一个季节。（DOK 1）

第五节　2　年　级

一、概述

2 年级科学能力和目标是对幼儿园和 1 年级学习概念的延伸。学生探索不同物种的物理和行为特征、太阳系的多样性、地球大气的变化以及声、光和颜色的特征。学生通过实践科学活动，以探究为基础进行学习、合作学习和科学交流，继续深入了解科学和科学知识的本质。

二、基本组织形式

1. 领域

2 年级学习内容包括探究、物理科学、生命科学、地球和空间科学四个部分。

2. 能力与目标

（1）探究

开发科学研究所需的能力。

a. 制定关于物体和生物体的问题，并预测结果，以进行简单的调查。（DOK 2）

b. 根据两个或多个属性，对对象进行对比、排序和分组。（DOK 2）

c. 使用简单的工具（如尺子、温度计、秤、放大镜、显微镜、天平、时钟）来收集信息。（DOK 1）

- 长度，最常用的英寸、英尺、码、厘米和米

- 容量，最常用的盎司、杯、品脱、夸脱、加仑和升

- 重量，最常用的盎司、磅、克、千克

- 时间，最常用的小时、半小时、刻和五分钟的间隔（使用数字和指针表）

d. 收集和展示科技产品（如拉链、挂钩、吊扇挂链、开罐器、桥、苹果削皮器、手推车、坚果破壳器等），并确定它们的功能。（DOK 1）

e. 创建线状图、柱状图和图形来传递数据。（DOK 2）

f. 推断科学调查通常在不同的地方以相同的方式工作。(DOK 2)

（2）物理科学

了解物体和材料的性质、物体的位置和运动以及磁性的特性。

a. 调查结论是，当水变冰，然后融化时，水量与冻结前相同。(DOK 2)

b. 调查和描述物质和物质的变化。(DOK 2)

• 物质状态的独特性质（气体容易压缩，而固体和液体不是；固体的形状独立于其容器；液体和气体取决于其容器的形状）

• 物理变化（如沸腾的液体、冰冻、撕纸）

• 化学变化（如烧木头、制冰淇淋、煮蛋）

c. 观察并描述各种力，包括浮力、重力和磁力。(DOK1)

d. 区分能被或不能被磁吸引的材料，并列举日常生活中用到磁性的工具（如开罐器、罗盘、冰箱门密封条）。(DOK 2)

e. 认识到一个物体只有当光线落在它上面或者它发光的时候才能被看到，而颜色是光的一种属性。(DOK 1)

f. 比较和区分固体、液体和气体。(DOK 2)

g. 识别振动是声音的来源，并根据振动的难易程度对不同类型的介质（如木头、塑料、水、空气、金属、玻璃）进行分类。(DOK 2)

（3）生命科学

发展和展示对生物体的特征、结构、生命周期和环境的理解。

a. 描述和区分植物和动物的特征。(DOK 2)

• 植物部分（叶、茎、根和花）

- 动物（脊椎动物或无脊椎动物、冷血或温血）

b. 描述具有其基本功能和主要器官（如脑神经、骨骼、肌肉）的人体系统。（DOK 1）

c. 识别当动植物的基本需求得到满足和不满足时的因果关系。（DOK 1）

d. 比较植物和动物的生命周期。（DOK 2）

e. 调查和解释植物和动物的相互依存关系。（DOK 2）

- 草食动物、食肉动物或杂食动物

- 捕食者—猎物关系

（4）地球与空间科学

了解地球物质、天空物体以及地球和天空变化的特性。

a. 对不同类型的地球物质进行分类（如岩石、矿物质、土壤、水、大气）。（DOK 2）

b. 描述地球的三个圈层。（DOK 1）

c. 通过使用简单的气象仪器（风向标、雨量计、温度计）获取、整理和绘制天气数据，并解释水循环的组成部分。（DOK 2）

d. 区分与地球环境有关的行为或事件是如何有害或有益的。（DOK 2）

e. 模拟和解释与昼夜变化相关的地球自转的概念，并推测为什么晚上通常比白天凉。（DOK 2）

f. 描述宇宙中物体的特征和影响。（DOK 1）

- 太阳相对于地球上一个固定物体在不同时间的位置（白天和夜晚）

- 行星的主要特征（旋转和转动周期、大小、卫星数量）
- 月相的变化

第六节　3　年　级

一、概述

3 年级的能力和目标旨在扩大幼儿园到 2 年级学习的概念。学生探索生物和系统，地球大气和地表的变化，物质的变化和测量技巧。学生开始理解并准确地应用相应的科学观念、原则、法律和理论与社会和环境进行互动。

二、基本组织形式

1. 领域

3 年级的学习内容包括探究、物理科学、生命科学、地球与空间科学四个部分。

2. 能力与目标

（1）探究

应用科学调查涉及的概念。

a. 识别问题并预测可以通过科学调查检查的结果。（DOK 3）

b. 使用感官描述熟悉的对象和事件来收集定性信息（如颜色、大小、形状）。（DOK 1）

c. 选择并使用简单的工具（如尺、温度计、秤、手镜、显微镜、

计算器、天平、时钟）来收集信息。（DOK 1）

• 长度，最接近的半英寸、英尺、码、厘米和米的容量和重量/质量、英制和公制

• 时间，到最近的温度，到最接近的程度

d. 提出结论并通报调查结果。（DOK 2）

e. 通过创建图表和表格来统计数据。（DOK 2）

f. 提出问题并寻求答案，以解释为什么有时会在反复调查中发生不同的结果。（DOK 2）

（2）物理科学

解释与物体和材料相关的概念，物体的位置和运动以及磁性的特性。

a. 研究得出结论，物体的重量总是其部件的总和，无论其组装方式如何（如乐高积木/单独的块，一桶/几杯沙，一袋/一堆土豆等）。（DOK 2）

b. 探查和识别物质的物理变化，包括熔化、冷冻、沸腾、蒸发和冷凝。（DOK 2）

c. 调查和描述影响简单机器（杠杆、车轮和车轴、挡块和滑车、倾斜平面、螺丝）运动的力。（DOK 2）

d. 分解潜能和动能，并识别其转化。（DOK 2）

• 动力学的潜力（如绕制时钟/时钟开始滴答作响）

• 动力到潜力（如过山车向下/向上移动到山顶）

e. 解释光波如何行进（如光通过透明和半透明的物体从反射和折射表面撞击物体，在不透明物体的表面）。（DOK 1）

f. 区分波浪（如声波和地震波）中振动的运动，并举出例子来解释振动以不同的速度通过不同的材料传播。(DOK 1)

g. 引用证据解释为什么加热或冷却可能改变材料的性质（如煮沸蛋、蒸发水、冷冻明胶、制作冰淇淋等）。(DOK 2)

（3）生命科学

描述生物体的特征、结构、生命周期和环境。

a. 研究和解释生活在不同环境（如沙漠、苔原、森林、草原、湿地）的不同生物形式（包括脊椎动物和无脊椎动物）以及在其生存中发挥不同功能的结构（如运动方式、防守、伪装）。(DOK 2)

b. 识别并描述身体的消化、神经、骨骼和肌肉系统的功能。(DOK 1)

c. 调查不同生物的基本需要之间的关系，并辨别适应性能否使生物体在特定环境中生存。(DOK 2)

d. 能够根据幼年动物照片推断出相应动物成年后的样子（如鸟、鱼、猫、青蛙、毛毛虫等）。(DOK 2)

e. 能明白只有在特定环境（沙漠、苔原、森林、草原、针叶林、湿地）下，它们的需求才会得到满足，并解释食物链内植物和动物的相互依赖性，包括生产者、消费者、分解者、食草动物、食肉动物、杂食动物、捕食者和猎物。(DOK 2)

f. 认识到细胞的大小、结构和功能差异很大，一些细胞和微生物只能用显微镜才能看到。(DOK 1)。

（4）地球与空间科学

了解地球物质、天空物体以及地球和天空变化的特性。

a. 注意土壤由各种材料（风化岩石、矿物、植物和动物遗骸、活生物体）组成。（DOK 1）

b. 比较由于缓慢过程而形成地球表面的变化过程（侵蚀、风化、山区）和快速过程（山体滑坡、火山喷发、地震、洪水、小行星碰撞）。（DOK 2）

c. 在图表上显示当地天气信息（如温度、降水、云等），并使用天气图案来预测天气情况。（DOK 3）

- 仪器（风向标、雨量计、温度计、风速计和气压计）
- 云型（卷云、地层、积云）
- 水循环（蒸发、沉淀、冷凝）

d. 确定各类空气、土地和水污染的原因和影响，推断保护环境的方法。（DOK 3）

e. 识别月相中的模式，描述它们的顺序，并预测在夜空中观察到的下一个阶段。（DOK 1）

f. 描述太阳系（太阳、行星、月亮、小行星、彗星）的不同组成部分。（DOK 1）

- 太阳的引力
- 月相的变化
- 星座

g. 说明如何使用化石记录了解过去，识别选定化石的特征，并描述为什么它们可以在许多地方被发现。（DOK 2）

- 密西西比州弗洛拉森林化石科学博物馆
- 密西西比州自然科学博物馆

第七节 4 年 级

一、概述

4 年级的能力和目标是建立在幼儿园到 3 年级学习的概念和过程基础上的。学生探索和调查生物多样性、环境问题、物质、力量和能量。学生应用他们对科学概念、原则、法律和理论的理解，与社会和环境产生相互作用，利用科学的过程解决问题，做出决策并促进进一步的理解。

二、基本组织形式

1. 领域

4 年级的学习内容包括探究、物理科学、生命科学、地球与空间科学四个部分。

2. 能力与目标

（1）探究

进行科学调查所需的专业技能和使用技巧。

a. 形成假设并预测待调查问题的结果。（DOK 3）

b. 使用感官和简单的工具来收集关于对象或事件（大小、形状、颜色、质地、声音、位置、变化）的定性信息。（DOK 1）

c. 准确使用简单的工具来收集比较精确的信息。（DOK 1）

● 工具包括英制尺寸（精确到八分之一英寸）、公制尺（精确到

厘米）、温度计、秤、手镜、显微镜、天平、时钟、计算器、风速计、雨量计

- 数据类型包括高度、质量/重量、温度、长度、距离、体积、面积、周长

d. 使用简单的草图、图表、表格和写作来得出结论并传达数据结果。（DOK 2）

e. 使用图纸、图表和地图来描述数据模式。（DOK 2）

f. 解释科学家和工程师为什么经常与不同的人一起工作，为不同的事情做出贡献。（DOK 2）

g. 对引起发明和发现的重要步骤（例如提出意见、提出问题、尝试解决问题等）作出结论。（DOK 3）

（2）物理科学

使用对象和材料的属性，物体的位置和运动，以及能量的转移来发展对物理科学概念的理解。

a. 认识到材料可能由很小的零件组成，无法在没有放大的情况下看到。（DOK 1）

b. 区分物理和化学变化，以及由一种物质组成的物质与多种物质组成的物体之间的差异。（DOK 2）

c. 确定力对运动的原因和影响。（DOK 2）

- 在一定距离上施加力导致做功，结果（做功）是力和距离的乘积

- 运动的物体产生摩擦以及增加或减少摩擦的方法

- 动量和惯性

d. 解释为何通过电路流过的能量可以从电能转换为光、声或热能。（DOK1）

- 电路的一部分，当电路打开或关闭时产生的动作

- 电磁铁的施工和使用

- 能量通过电路传递到灯泡或钟罩到其周围，如光、声和热能量

e. 描述光的行为（直线传播、吸收、反射、折射或呈现透明或半透明）。（DOK 1）

f. 研究并得出关于振动物体的频率与声音间距之间的关系的结论。（DOK 3）

g. 描述热如何从高温的物体流向低温的物体，并分类可用于或不能用作绝缘体的材料的示例。（DOK 2）

（3）生命科学

分析生物体的特征、结构、生命周期和环境。

a. 描述解释生物体随时间的多样性和进化的因果关系。（DOK 2）

- 由于遗传或环境适应性，可观察到的特征

- 环境变化（随着时间的推移，从一个地方到另一个地方）

- 物种的变化（如化石）

- 面对环境变化，适应能力不足导致物种灭绝

b. 对身体的神经系统进行分类，循环系统和呼吸系统的器官及其功能。（DOK 1）

c. 生物的比较特征，包括生长发育、繁殖、获取和使用能源以及对环境的反应。（DOK 2）

- 各种动物的生命周期（包括完全和不完全的变态）

- 在生长、适应和生存中起着不同功能的植物或动物体结构

- 光合作用

d. 区分与有性生殖有关的植物部分，并解释各种作用对授粉过程的影响(如风、水、昆虫、开花植物的适应性，农药的不利影响)。(DOK 2)

e. 利用食物网来解释来自太阳的能量如何流动。(DOK 2)

f. 描述生物体细胞之间的结构和功能关系。(DOK 2)

- 合作的益处

- 在外观上的巨大变化

- 执行不同的功能

(4) 地球与空间科学

了解地球物质、天空物体以及地球和天空变化的特性。

a. 分类沉积岩、变质岩和火成岩。(DOK 2)

b. 对比地球的地质特征和外部力量引起的变化。(DOK 2)

- 水、海滩、海洋脊、大陆架、高原、断层、峡谷、沙丘和冰盖

- 外部力量包括热、风和水

- 大陆板块的运动

c. 通过观察，使用简单的天气仪器（温度计、风速计、风向标、雨量计、气压计和湿度计）进行观测、记录、分析和预测天气，记录天气数据（温度、降水、天气条件和天气事件）并使用过去的模式来预测未来的模式。(DOK 2)

d. 描述人类活动如何降低环境的能力来支持一些生活形式。

（DOK 2）

- 减少森林覆盖的面积

- 增加释放到大气中的化学物质的数量

- 农业集约化

e. 对比季节，并解释为什么季节在地球不同的地方有所不同。（DOK 2）

f. 描述宇宙中的物体，包括它们的运动。（DOK 2）

- 月亮的物理特征（陨石坑、平原、山脉）

- 地球及月亮的外观和运动（例如月亮的盈亏、月食和日食）

- 为什么在不同星座（位置）内的星球在不同时间能够被看见

g. 总结导致化石燃料形成的过程，并推断为什么化石燃料被归为不可再生资源。（DOK 2）

第八节　5　年　级

一、概述

5 年级的能力和目标建立在幼儿园至 4 年级的概念之上。学生探索生活系统的结构和功能、生殖和遗传、行为、人口和生态系统、生物多样性和适应性。学生还调查物质、动作、力量、能量转移、地球系统结构、地球历史和地球在太阳系中的属性和变化。在整个教学过程中，应强调探究、安全技能、科学方法过程、科学设备的测量、使用、实施、环境因素和实践活动。

二、基本组织形式

1. 领域

5 年级的学习内容包括探究、物理科学、生命科学、地球与空间科学四个部分。

2. 能力与目标

（1）探究

使用过程技能开发和展示对科学探究的理解。

a. 假设、预测结果，并进行公平的调查，包括操纵变量和使用实验控制。（DOK 3）

b. 区分观察和推论。（DOK 2）

c. 使用简单的工具和技术进行精确测量，以测试和收集数据。（DOK 1）

• 工具包括英制尺寸（精确到十六分之一英寸）、公制尺（精确到毫米）、温度计、秤、放大镜、显微镜、天平、时钟、计算器、风速计、雨量计、气压计、湿度计

• 数据类型（高度、质量、温度、长度、时间、距离、体积、周长、面积）

d. 组织和解释表格和图中的数据，以构建解释并得出结论。（DOK 2）

e. 使用图纸、表格和书面或口头语言来描述对象并解释想法和行为。（DOK 2）

f. 在设计解决方案或产品时，制作并比较不同的提案。（DOK 2）

g. 评估不同数据的结果（是否存在显著性差异）。（DOK 2）

h. 引用和描述其他的解释和预测。（DOK 3）

（2）物理科学

了解物体和材料的性质、物体的位置和运动以及能量转移的关系，以解释物理世界。

a. 确定一个对象的属性如何影响它的作用和相互作用。（DOK 2）

b. 区分不同元素、化合物和混合物以及化学和物理变化（如气体演变、颜色或温度变化）。（DOK 2）

c. 根据其位置、运动方向和速度来调查物体的运动。（DOK 2）

• 使用参考点（运动物体的距离与时间的关系）确定物体的相对位置和运动

• 使用适当的装置（如弹簧秤）确定物体运动所需的力

• 影响速度的变量（如斜坡高度/长度/表面，物体质量）

• 不平衡力对物体运动速度和方向的影响

d. 能够列举不同势能的例子，如重力势能（如山坡上的石块、滑梯上的孩子），弹性势能（如压缩弹簧、弹弓、橡皮筋）或化学性势能（如未点燃的火柴、食物）。（DOK 2）

e. 光的性质，如反射、折射和吸收。（DOK 1）

• 由平面镜和曲面镜反射形成的图像

• 通过空气或水的光

• 光学工具如棱镜、镜片、镜子和眼镜

f. 描述物质的物理性质（如质量、密度、沸点、冰点）包括混合物和溶液。（DOK 1）

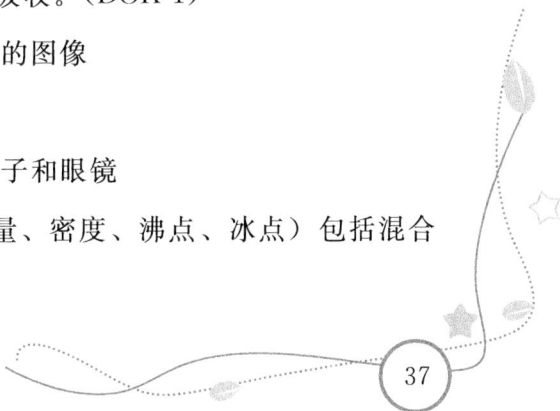

- 过滤、筛选、磁力、蒸发和漂浮

- 物质的质量、密度、沸点和凝固点

- 温度变化对物质溶解度的影响

g. 将材料分为导体或绝缘体，并讨论其现实生活中的应用（如建筑施工、服装、动物皮毛）。（DOK 2）

（3）生命科学

预测生物的特征、结构、生命周期、环境、进化和多样性。

a. 对比生物体由于适应性所呈现的多样性，以显示生物体如何因环境变化而演变。（DOK 2）

- 基于界、门和类的多样性（如内部/外部结构、体温、大小、形状）

- 适应性会增加生物体在特定栖息地（如仙人掌/叶，毛皮/鳞片）中生存和繁殖的机会

- 化石的证据是生命和环境条件已经发生变化的指标

b. 研究分类生物的组织。（DOK 2）

- 植物和动物细胞之间的差异

- 身体系统的主要部分（如神经、循环、呼吸、消化、骨骼、肌肉）的功能及其相互支持的方式

- 单细胞或多细胞的有机体的实例

c. 研究和引用相关科学家取得的成果的证据（如巴斯德、弗莱明、索尔克）在发现和预防疾病方面做的贡献。（DOK 3）

d. 区分无性生殖和有性生殖。（DOK 1）

- 植物和真菌中的无性繁殖过程（如植物的茎、根和叶进行无

性繁殖、酵母中的芽、真菌中的子实体）

- 无性细胞分裂（蘑菇孢子产生和传播）

- 有性繁殖（如鸡蛋、种子、水果）

e. 举例说明食物链和食物网中消费者和生产者（食肉动物、食草动物、杂食动物和分解物）是如何相关的。（DOK 1）

（4）地球与空间科学

了解地表物质、天空物体的性质以及它们在地表和空中的变化。

a. 地球的物质分类。（DOK 1）

- 岩石、矿物、土壤、水和大气

- 大气圈、水圈和岩石圈

b. 解释由造陆过程（如沉积、火山爆发、地震）引起的表面特征与破坏性过程（如侵蚀、风化、生物的影响）有何不同。（DOK 2）

c. 总结天气如何变化。（DOK 2）

- 天气和季节变化

- 用于观测、记录和预报天气的工具

d. 描述人类对环境和自然资源造成的变化，并引用美国在自然资源保护方法研究方面的证据，包括（但不限于）密西西比州。（DOK 2）

- 美国联合物理公司是一家位于密西西比州格林伍德市的私营公司，开发了将各种农产品转化为高效、环保和具有成本效益的能源的方法

- 野生动物和渔业部的自然资源企业（NRE）计划和密西西比州立大学的合作推广服务项目就可持续性发展的自然资源企业和栖息

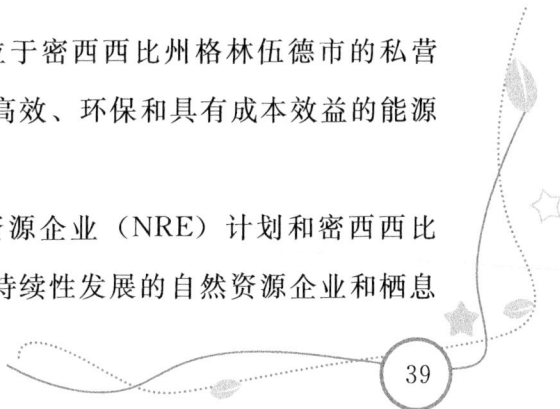

地管理办法对该州东南亚的土地所有者进行相关培训

- 美国陆军工程兵团维克斯堡区工程师研发中心提供优质工程及其他专业产品和服务，开发和管理国家水资源，减少洪灾损失，保护环境

e. 预测特定的时间段内预测太阳、月球和地球的运动模式。（DOK 1）

f. 对比行星的物理特性（如质量、表面重力、与太阳的距离、表面特征、卫星）。（DOK 2）

g. 包括多种地球资源（如燃料、金属、淡水、农田）的供应是有限的，并评判更大程度利用地球资源的使用计划（如回收、再利用、更新）。（DOK 3）

第九节　6　年　级

一、概述

6 年级的能力和目标建立在幼儿园至 5 年级的概念之上，为学生提供基础技能和知识，学习高中课程中的核心理念、原则和理论。6 年级科学旨在调查物质、运动和力量、能量转移、生活系统结构和功能以及地球系统结构的性质和变化。在整个教学过程中，应强调探究，安全技能，科学方法过程，科学仪器的使用，现场活动和实践活动。

二、基本组织形式

1. 领域

6 年级的学习内容包括探究、物理科学、生命科学、地球与空间科学四个部分。

2. 能力与目标

（1）探究

利用适当的流程技能进行科学考察。

a. 设计和进行调查，包括预测结果，使用实验对照和进行推论。（DOK 3）

b. 区分定性和定量观察，并根据观察结果进行推论。（DOK 3）

c. 使用简单的工具和资源来收集和比较信息（使用标准，度量和非标准测量单位）。（DOK 1）

- 工具包括英制尺寸（精确到十六分之一英寸）、公制尺（精确到毫米）、温度计、秤、放大镜、显微镜、天平、时钟、计算器、风速计、雨量计、气压计、湿度计、望远镜、罗盘、弹簧秤

- 数据类型（如线性度量、质量、体积、温度、时间、面积、周长）

- 资源（如互联网、电子百科全书、期刊、社区资源等）

d. 分析从科学调查收集的数据，构建解释并得出结论。（DOK 3）

e. 利用各种图表、地图、书面说明、科学模型来沟通科学程序和结论。（DOK 2）

f. 通过考虑产品或设计如何满足解决问题的挑战来评估结果或问

题的解决方案。(DOK 3)

g. 解释科学家为什么可以从一组给定的数据中得出不同结论。(DOK 2)

h. 认识和分析其他解释和预测。(DOK 2)

(2) 物理科学

分析化学变化和物理变化，以及力与动能之间的关系。

a. 认识到同种已知元素的原子都是一样的，但是不同元素的原子具有不同的原子结构。(DOK 1)

b. 区分物质的物理性质（如熔点、沸点、溶解度），这些性质与状态的变化有关。(DOK 2)

• 在固体、液体和气体之间，通过某种模式将物质与运动中的粒子联系起来

• 一些活动（如加热、搅拌、振动、破碎）对各种固体的水溶性的溶解速率有影响

• 使用溶解度差异来鉴定混合物的组分（如色谱分析）

c. 调查和描述力对物体的影响。(DOK 2)

• 重力、摩擦力、磁力、阻力、升力和推力

• 影响物体运动的力量

d. 研究能量的机械和化学形式，并演示能量从一种形式到另一种形式的转换。(DOK 2)

• 能源转换表现为普通家庭用品的使用

• 机械能转化为另一种形式的能量（如振动，通过摩擦产生的热量）

- 化学能转化为另一种形式的能量（如荧光棒、萤火虫、电池、灯泡）

e. 应用反射和折射定律来解释日常现象。（DOK 2）

- 光的反射、折射、透射和吸收的性质

- 不透明、透明或半透明的物体

f. 制定一个合理的论证来解释影响运动的力是如何实际应用的，包括（但不限于）密西西比州的贡献。（DOK 3）

- 汽车工业（日产的新生产工厂位于中国广州，丰田的新工厂位于美国密西西比州图珀洛市）

- 航空航天工业（位于密西西比州立大学的拉斯飞行研究实验室，是美国首届一指的大学飞行设备研究单位之一）

- 造船工业（密西西比州的帕斯卡古拉市的英戈尔造船公司是美国海军主要船舶供应商。）

g. 预测和解释影响固体、液体和气体中热量流动的因素。（DOK 3）

- 实际应用中的绝缘因素（如房屋、大型建筑、服装、动物毛皮）

- 用于增强热量流动的传导、对流或辐射因素

- 温差对水运动的影响

（3）生命科学

解释生物的组织、生态系统物质和能量的流动，种群的多样性和相互作用以及影响环境的自然和人为压力。

a. 描述和预测种群间和种群内的相互作用以及这些相互作用对

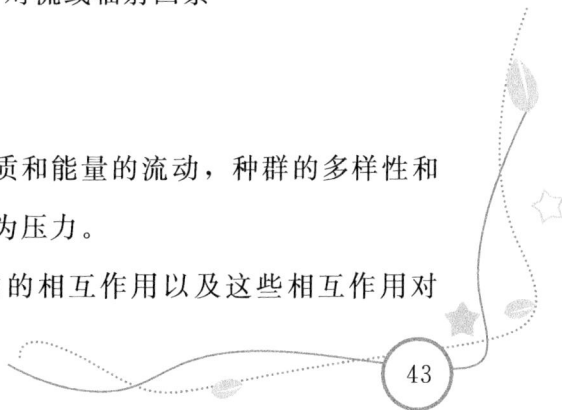

种群增长的影响，包括对可用资源的影响。（DOK 2）

- 合作、竞争和捕食如何影响种群增长

- 生态系统中种群数量过剩对可用资源总量的影响

- 在一个特定环境中，自然选择如何通过提高繁殖成功对生物体总量产生作用

b. 对比生物的结构和功能，包括细胞和整个有机体。（DOK 2）

- 细胞、组织、器官和器官系统在生物体中的功能层次结构

- 植物和动物细胞不同部分（液泡、细胞核、细胞质、细胞膜、细胞壁、叶绿体）的功能

- 维管植物和非维管植物，开花和非开花植物，落叶和针叶树

c. 区分人类的组织与发展，包括疾病的影响。（DOK 2）

- 系统如何协同工作（如呼吸、循环）

- 受精、早期细胞分裂、着床、胚胎和胎儿发育、婴儿期、儿童期、青春期、成年期和老年期

- 由微生物引起的常见疾病（如细菌、病毒、疟疾、寄生虫）

d. 描述和总结在被子植物和裸子植物的繁殖中，一个卵细胞和精子如何结合在一起。（DOK 1）

- 精子细胞到达花的子房中的卵细胞的路径

- 在植物和果实形成过程中，种子各部分的结构和功能

- 生殖细胞的结合是如何导致不同父母的遗传信息的新组合

e. 通过包括人类在内的食物网构建太阳能路径图，并解释生物体之间的相互关系。（DOK 2）

- 自养和异养、生产者、消费者和分解者

- 捕食者和猎物关系，竞争、共生、寄生、偏利共栖、互利共生

（4）地球与空间科学

建立地球层，包括岩石圈、水圈和大气圈之间的联系。

a. 对比地壳的相对位置和组成（如地幔、液体和固体核、大陆地壳、洋壳），（DOK 1）；得出有助于塑造地球的历史过程的结论。（DOK 3）

- 随时间变化的大陆漂移

- 大陆板块、俯冲带、海沟等

b. 分析气候资料得出结论并进行预测。（DOK 2）

c. 总结污染产生的原因及对人与环境的影响（如空气污染、地面污染、化学污染），并说明如何以及为什么要尽量减少污染。（DOK 1）

d. 解释地球自转和公转过程中的日和年变化。（DOK 2）

- 月球和太阳的位置如何影响潮汐

- 月相（如朔月、新月、上弦月、凸月、望月、月相盈亏）

e. 区分宇宙中的物体（如恒星、卫星、太阳系、小行星、星系）。（DOK 1）

f. 研究并引用地球系统现有资源的证据。（DOK 3）

- 诸如燃料、金属、淡水、湿地和农田等资源

- 通过回收、再利用和更新来延长地球资源使用的方法

- 导致产生径流或有利于产生径流的因素（如水循环、地下水、流域）

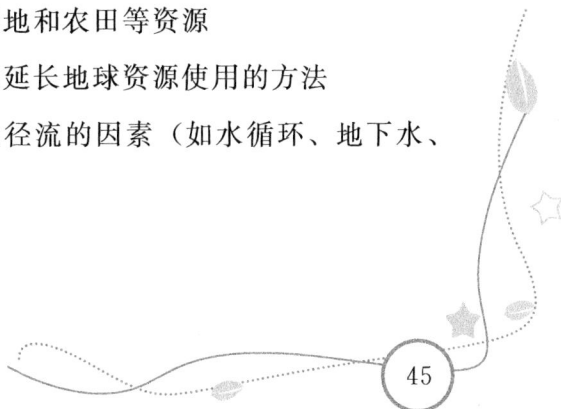

第二章

美国加利福尼亚州小学
科学课程标准

第一节　概　　述

　　《美国加利福尼亚州小学科学课程标准》❶（以下简称《加州小学科学标准》）包含了科学教育的内容以及 21 世纪学生成为具有基本科学素养公民所需要的基本技能和知识。加州教育委员会通过此《加州小学科学标准》的实施，承诺向加州的学生提供世界一流的科学教育。在加州教育委员会为建立学术内容和绩效标准（学术标准委员会）以及在加州委员会为确定各个年级科学教育中的相同学术内容所作出的承诺，《加州小学科学标准》反映了委员会所作出的承诺和努力。

　　作为有史以来最具有科学智慧的科学家之一，格伦·Ｔ·塞博格

---

❶　资料来源：美国密西西比州教育委员会，《科学课程框架》，2009.

担任科学学术标准委员会的科学委员会的主席。在《写给小小科学家的信》中，塞博格博士说道："科学是系统的知识体系，科学是通过假设和试验的方法去拓展知识的过程。"《美国国家小学科学教育标准》中正是反映了以上的观点，同时也将"知识本身"和科学探究的"方法"加以平衡。在加州的教育体系中，《加州小学科学标准》也为加州的教育体系提供了实质性的改进和完善。

《加州小学科学标准》包含幼儿园至 6 年级各个年级的科学课程的具体内容。该标准的内容分为四部分：物理、化学、生物（生命科学）及地球科学。在一个调查和试验链中描述了对每个年级（幼儿园至 6 年级）的渐进式的期望。

《加州小学科学标准》的小学部分为学生提供了学习科学的基本技能和知识，以至于他们在初高中阶段更好的学习科学的核心概念、原则和理论。《加州小学科学标准》是由一系列广义的概念组成的。其目的是帮助读者联系各个主题，并且在理解这些主题的过程能够在各个年级水平中系统地增加对课程内容理解的深度、广度和复杂性。

《加州小学科学标准》服务于全州学生的基础评估、科学课程框架以及课程指导材料的评估。《加利福尼亚州公立学校科学课程框架》（以下简称《框架》）和《加州小学科学标准》是一致的。《框架》提供了使用《加州小学科学标准》以及使各年级科学课程交叉联系的方法和建议。同时，《框架》也为科学课程的教学计划提供指导。然而，在《加州小学科学标准》中没有规定指导的方法。学生应有机会通过以下方式学习科学：接受直接的指导、阅读教科书和指定材料、解决基于《加州小学科学标准》基础上的问题以及进行实验室的调查实

验。调查实验的标准应当注重与教学内容链和其他学科之间整合，并还要得到直接且具体的支持。

《加州小学科学标准》的制定是在加利福尼亚州教育委员会以及学术标准委员会在回顾《美国国家科学教育标准》《科学素养的基准》《加州科学课程标准》和《框架》的基础上，借鉴加州当地、整个美国以及其他国家学校在科学教育中的可取之处。此外，州教育委员会和学术标准委员会也将大量科学教育的相关文件和相关讨论加以参考引用。学术标准委员会主持了 9 次公众会议，州教育委员会也在加州开展了 5 次公众听证会。众多家庭、教育者们、商界及社区领导们都致力于参与定义并解决科学教育中的核心问题。全国各地的专家评审员就提出的草案提交了正式意见，并受邀参加了公开的听证会。他们的建议在州教育委员会最终颁布的加州科学课程标准中也是具有重大意义。

《加州小学科学标准》的亮点在于《加州小学科学标准》的实施是有挑战性的，这不仅仅是对加州学生的挑战，同时也是对整个 K-6 教育系统的挑战。《加州小学科学标准》在小学阶段提倡的是对科学事实和科学术语的初步介绍，并且要求多学科教学的教师抽出时间让学生接受科学教育。学生在优质的科学教科书和相关阅读材料中，不仅可以达到标准的要求，同时也能够提高阅读技能和词汇量。标准中的调查和实验能够让学生在科学和自然研究之间建立一个具体的联系，并为他们提供许多进行测量和运用基本数学技能的机会。

《加州小学科学标准》反映了加州公立学校在科学课程内容学习

的诉求。学生在学习科学内容的同时能够将科学与技术、社会影响相互联系起来。科学、技术和社会问题是与公众健康、人口、自然资源、环境质量、自然和人为灾害以及其他全球性问题紧密相连的。《加州小学科学标准》应当是我们认识和理解这些问题的基础。

要全面实施科学内容标准，还需要时间和大量资源。但加州科学教育目标仍然是明确的，这些标准的实施是提高所有学生科学素养的基础。

第二节 幼 儿 园

1. 物质科学

物质的特性可以被观察、测量和预测。理解这一概念的基础是：

a. 学生懂得，物体是可以依据其制成的材料（如黏土、布匹、纸张）及其物理特性（如颜色、大小、形状、重量、质地、延展性、对磁体的吸引力、漂浮、下沉）进行描述的。

b. 学生懂得，水可以是液体或固体，可以从一种形式转变为另一种形式。

c. 学生懂得，敞开的容器里的水会蒸发（进入空气中）掉，但封闭容器里的水不会蒸发。

2. 生命科学

不同类型的植物与动物都生长或栖居在地球上。理解这一概念的基础是：

a. 学生懂得，如何观察和描述植物与动物（如结子的植物、鸟类、鱼类、昆虫）外表与行为的相似和不同的地方。

b. 学生懂得，故事有时候赋予植物和动物一些它们并没有的特征。

c. 学生懂得，如何确定一些常见动植物的主要结构（如茎、叶、根、胳膊、翅膀、腿）。

3. 地球科学

地球是由陆地、空气和水构成的。理解这一概念的基础是：

a. 学生懂得，山、河、海洋、谷地、沙漠、及当地地形的特点。

b. 学生懂得，每天的天气会发生变化，不同季节的天气不同。天气的变化影响地球及其生长在它上面的动植物。

c. 学生懂得，如何从地球上找到日常生活中使用的资源，并理解许多资源是可以保护的。

4. 探究与试验

科学因提出有意义的问题和谨慎地进行试验而取得进步。作为理解这一概念和学好其他三个部分内容的基础，学生应当会提出自己的问题，并进行探究。学生将：

a. 运用五官观察常见的物体。

b. 描述常见物体的特征。

c. 依据一个参照（如上面、下面）描述物体的常见位置。

d. 根据一种物质特性（如颜色、形状、质地、大小、重量）对常见物体进行比较和分类。

e. 通过口述和绘画交流观察结果。

第三节 1 年 级

1. 物质科学

物质（材料）有不同的形式（状态），包括固体、液体和气体。理解这个概念的基础是：

a. 学生懂得固体、液体和气体有不同的特性。

b. 学生懂得，物质经过混合、冷却或加热时，其特性可以发生变化。

2. 生命科学

动植物以不同的方式满足各自的需要。理解这一概念的基础是：

a. 学生懂得，不同的植物与动物生长或栖息于不同类型的环境中，并具有外部特征帮助它们在不同的地方繁衍生息。

b. 学生懂得，动植物都需要水，动物需要食物，植物需要光。

c. 学生懂得动物以植物和其他动物为食，也可能会利用植物甚至其他动物作为栖息处和巢穴。

d. 学生懂得，如何从动物的牙齿的形状推测它们吃什么（如锋利的牙齿：吃肉；扁平的牙齿：吃植物）。

e. 学生懂得，根的生长与吸收水分和土壤里的营养有关，绿叶的生长与利用阳光制造食物有关。

3. 地球科学

可以对天气进行观察、测量和描述。理解这一概念的基础是：

a. 学生懂得，如何使用简单工具（如温度计、风向标）测量天气状况，并记录每天的变化与不同季节的变化。

b. 学生懂得，天气每天都在变化，但一个季度的气温或雨（或雪）变化的趋势一般是可以预测的。

c. 学生懂得，太阳带给大地温暖，空气和水。

4. 探究与试验

科学因提出有意义的问题和谨慎地进行试验而取得进步。作为理解这一概念和学好其他三个部分内容的基础，学生应当会提出自己的问题，并进行探究。学生将：

a. 用画画表现出被描述事物的一些特征。

b. 用图画、数字或写出的句子记录观察结果和数据。

c. 用条形图记录观察结果。

d. 用两个参照（如在上面和旁边，在下面和左边）描述物体的相对位置。

e. 当对同一物体或现象的两种描述之间出现差异时，进行新的观察。

第四节 2 年 级

1. 物质科学

可以观察和测量到物体的运动。作为理解这一概念的基础：

a. 学生懂得，一个物体的位置可以通过确定它与另一个物体相对应的位置或其背景加以描述。

b. 学生懂得，一个物体的运动可以通过记录其位置在一段时间内的变化来加以描述。

c. 学生懂得，改变某个物体移动的方法是对它进行推或拉，变化的大小与推或拉的力量的大小有关。

d. 学生懂得，要使用工具或机械进行推拉（力）使物体移动。

e. 学生懂得，物体除非有东西托住它们，否则就会落到地上。

f. 学生懂得，可以利用磁体，使得物体在不被接触的情况下移动。

g. 学生懂得，声音产生于振动的物体，并可以用音高和音量进行描述。

2. 生命科学

动植物都具有可以预测的生命周期。作为理解这一概念的基础：

a. 学生懂得，生物繁衍它们自己物种的后代，该物种之间长相相似。

b. 学生懂得，不同动物之间生命周期的连续阶段是不相同的，例如，蝴蝶、青蛙和老鼠。

c. 学生懂得，生物的许多特征是从其父母那里继承下来的。有些特征是环境造成或影响的结果。

d. 学生懂得，一群同类生物中，其个体之间具有差异。

e. 学生懂得，光、引力、接触或环境压力能影响植物的发芽、生长与发育。

f. 学生懂得，植物的花和果与其繁衍有关。

3. 地球科学

地球是由不同性质的物质构成的，它为人类的活动提供了资源。作为理解这一概念的基础：

a. 学生懂得，如何比较不同类型岩石的物质特性，并且懂得岩石是由不同的矿物质凝成的。

b. 学生懂得，小块的岩石是由于大块岩石的破碎或风化形成的。

c. 学生懂得，土壤部分是由风化的岩石形成的，部分是由有机物质形成的；懂得土壤在颜色、质地、保留水分的能力、支持许多种植物生长的能力等方面都有差异。

d. 学生懂得，化石为很久以前生存过的动植物提供了证据，懂得科学家通过研究化石来了解地球过去的历史。

e. 学生懂得，岩石、水、植物和土壤提供了人类可利用的许多资源，包括食物、燃料和建筑材料。

4. 探究与试验

科学因提出有意义的问题以及谨慎地进行试验而取得进步。作为理解这一概念和学好其他三个部分内容的基础，学生应当会提出自己的问题，并进行探究。学生将：

a. 根据观察得到的模式进行猜想，而不是随意猜测。

b. 采用合适的工具测量长度、重量、温度、液体的容积，并使用标准的公制单位表达测量结果。

c. 依据两个及以上的物质属性（如颜色、形状、质地、大小、重量）对物体进行比较和分类。

d. 用文字或图画描述连续的步骤、事件或观察结果。

e. 用标注合适的轴线绘制条形图记录数据。

f. 利用放大镜或显微镜观察和描绘微小物体或物体的微小特征。

g. 进行科学探究时听从口头指令。

第五节　3　年　级

1. 物质科学

（1）能量和物质都有多种形式，可以从一种形式转变为另一种形式。作为理解这个概念的基础：

a. 学生懂得，能量以光的形式从太阳传递到地球。

b. 学生懂得，储存的能源有多种形式，如通过食物摄取、燃料和电池的存储。

c. 学生懂得，机器和生物都能够将储存的能量转变为动能和热能。

d. 学生懂得，能量可以从一个地方传输到另一个地方，如通过波（水波和声波）、通过电流，或通过物体移动。

e. 学生懂得，物质有三态：固体、液体和气体。

f. 学生懂得，蒸发和熔化都是物体加热带来的变化。

g. 学生懂得，两种或两种以上的物质结合在一起时，可能会产生一种新物质，其性质不同于原来物质的性质。

h. 学生懂得，所有物质都是由称之为原子的微小粒子构成的，原子太小，肉眼看不见。

i. 学生懂得，人们曾经认为：土、风、火、水是构成所有物质的基本元素。科学试验表明，世界上存在 100 多种不同的元素，它们列在元素周期表中。

（2）光有光源，并按一个方向传播。作为理解这个概念的基础是：

a. 学生懂得，挡住阳光可以产生阴影。

b. 学生懂得，光可以从镜子和其他平面物上反射出来。

c. 学生懂得，照在一个物体上的光的颜色会影响该物体被看见的方式。

d. 学生懂得，当光线从物体进入眼中时，这个物体就被看见了。

2. 生命科学

生物对其身体结构或行为的适应可能会增进其生存的机会。作为理解这一概念的基础：

a. 学生了解，植物和动物都有其自身的结构，这些结构在其生长、存活和繁衍过程中有不同的功能。

b. 学生了解，不同环境里多种多样的生命形式，如海洋、沙漠、冻土带、森林、草地和湿地。

c. 学生了解，生物会给其生存的环境带来变化，有些变化对其本身或其他生物有害，而有些变化则是有利的。

d. 学生了解，当环境发生变化时，有些植物和动物存活下来并进行繁衍，另一些则死亡或迁徙到新的地方。

e. 学生了解，有些曾经在地球上生存过的生物现在已经灭绝了，但其中有些类似生物存活下来。

3. 地球科学

天空中的星体的移动是有规则的、可以预测的。作为理解这一概念的基础：

a. 学生懂得，恒星是保持不变的，虽然表面看来它们在夜空中移动，不同的恒星可以在不同的季节被观测。

b. 学生懂得，月球在 4 个星期的周期里月相是如何变化的。

c. 学生懂得，望远镜可以用于放大天空中的一些遥远的物体，包括月球和其他行星。透过望远镜能看见的星球数量远远多于用肉眼可以看得见的星球。

d. 学生懂得，地球是围绕太阳转动的几大行星之一，月球围绕地球转动。

e. 学生懂得，在一天内，太阳在天空中的位置是变化的，在不同的季节位置也不同。

4. 探究与试验

科学因提出有意义的问题和谨慎地进行试验而取得进步。作为理解这一概念和学好其他三个部分内容的基础，学生应当会提出自己的问题，并进行探究。学生将：

a. 为提高精确度重复进行观察，并懂得相似的科学探究，其结果很少完全相同，因为被探究的事物本身存在差异，所使用的方法也不尽相同，以及观察也存在不确定性。

b. 能够对证据与意见进行区分，并懂得科学家不依赖声称或结论，除非是能够被证实的观察结果支撑的。

c. 使用数据对物体、事件与测量结果进行描述和比较物体。

d. 对简单探究的结果进行猜想，并把结果与猜想加以比较。

e. 收集探究的数据，并分析这些数据以便形成一个符合逻辑的结论。

第六节　4　年　级

1. 物质科学

电与磁对日常生活是有影响的，它们在日常生活中有许多用途。作为理解这一概念的基础：

a. 学生懂得，如何用电线、电池和灯泡等元件设计并制作简单的串联、并联电路。

b. 学生懂得，如何制作一个简单的罗盘，并用于检测磁体，包括地球的磁场。

c. 学生懂得，电流产生磁场，并懂得如何做一个简单的电磁体。

d. 学生懂得，在制作电动车、发电机和诸如门铃与耳机等简单装置时电磁体所发挥的作用。

e. 学生懂得，带电荷的物体相互吸引或排斥。

f. 学生懂得，磁体有两极（北极和南极），同极相斥，异极相吸。

g. 学生懂得，电能可以转化为热能、光能和动能。

2. 生命科学

（1）任何生物的生存和生长都需要能量。作为理解这一概念的基础：

a. 学生懂得，植物是大部分食物链的物质与能量的主要来源。

b. 学生懂得，在食物链和食物网中生产者与消费者（食草动物、食肉动物、杂食动物、分解者）是相互关联的，它们在一个生态系统中可能会相互竞争资源。

c. 学生懂得，分解者（包括许多菌类、昆虫和微生物）循环吸收死去的动植物的养分。

（2）活着的生物相互依赖，并且依赖其环境而生存。作为理解这一概念的基础：

a. 学生懂得，生态系统可以分成有生命的部分和无生命的部分。

b. 学生懂得，在任何特定环境中，有些动植物能够顺利生长，有些生存得不好，有些则根本无法生存。

c. 学生懂得，许多植物依赖动物授粉以及播散种子，许多动物以植物为食物和庇护物。

d. 学生懂得，大多数微生物不会引起疾病，许多微生物是有益的。

3. 地球科学

（1）岩石与矿物的性质反映了它们形成的过程。作为理解这一概念的基础：

a. 学生懂得，如何通过查找资料弄清岩石的性质与形成方法

（岩石的周期），区分火成岩、水成岩与变质岩。

b. 学生懂得，如何通过查阅岩石特性表鉴定由普通岩石形成的矿物（包括石英、方解石、长石、云母和角闪石）金属矿物。

（2）波、风、水、冰塑造并重复塑造地球的地表。作为理解这一概念的基础：

a. 学生懂得，地球的有些变化是由于一些缓慢的过程造成的，如侵蚀；有些变化是由于快速的过程造成的，如山崩、火山爆发，以及地震。

b. 学生懂得，自然过程，包括冰冻、融化和树根的生长，导致岩石破碎成小块。

c. 学生懂得，流水侵蚀地形，把土壤从一个地方冲到另一个地方，沉积为小石子、沙、淤泥和泥土，由此重新形成土地（风化、转移和堆积）。

4. 探究与试验

科学因提出有意义的问题和谨慎地进行试验而取得进步。作为理解这一概念和学好其他三个部分内容的基础，学生应当会提出自己的问题，并进行探究。学生将：

a. 对观察与推论（解释）进行区分，并懂得科学家的解释部分来自他们的观察，部分来自他们如何解释其观察结果。

b. 测量和估计物体的重量、长度或体积。

c. 基于因果关系形成预测，并加以论证。

d. 进行多次尝试，检验预测，并就预测与结果之间的关系得出结论。

e. 依据测量结果绘制图表，并给以解释。

f. 遵循进行科学探究的书面规则。

第七节　5　年　级

1. 物质科学

元素及其组合解释了世界上所有的各种物质。作为理解这一概念的基础：

a. 学生懂得，化学反应时，反应物的原子重新结合形成具有不同性质的新物质。

b. 学生懂得，所有物质都是由原子构成的，这些原子可以结合起来形成分子。

c. 学生懂得，金属具有共同性质，如高导电性与高导热性。有些金属，如铝（Al）、铁（Fe）、镍（Ni）、铜（Cu）、银（Ag）和金（Au）都是纯元素的，其他一些金属，如钢和黄铜，是由多种金属元素合成的。

d. 学生懂得，每种元素都是由一种原子构成的，所有元素都依据其化学性质排列在元素周期表里。

e. 学生懂得，科学家们制作一些工具，可以创造出分离的原子和分子的模型，这些模型表明原子和分子常常是整齐排列在一起的。

f. 学生懂得，物质的化学与物理特性的差异可以用于分离混合物和确定化合物。

g. 学生懂得，固态、液态和气态物质的性质，如糖（C_6HO_6）、水（H_2O）、氦（He）、氧（O_2）、氢（N_2）和二氧化碳（CO_2）。

h. 学生懂得，活的生物和大多数材料都是仅仅由几种元素组成的。

i. 学生懂得，各种盐的共同特征，如都含有氯化钠（NaCl）。

2. 生命科学

植物和动物都有呼吸、消化、排除废物和输送材料的功能。作为理解这一概念的基础：

a. 学生懂得，许多细胞生物都有专门的身体结构支持输送材料。

b. 学生懂得，血液如何经过心室、肺以及在身体内部循环，二氧化碳（CO_2）和氧气（O_2）如何在肺部和身体组织内交换。

c. 学生懂得，在消化系统功能中，消化的顺序步骤及牙齿、嘴、食道、胃、小肠、大肠和结肠的作用。

d. 学生懂得，肾在消除血液中细胞的废物并把这种废物变成储存于膀胱中尿的作用。

e. 学生懂得，在导管植物中糖、水和矿物质是如何输送的。

f. 学生懂得，植物利用二氧化碳（CO_2）和来自阳光的能量形成糖分子并释放氧气。

g. 学生懂得，植物和动物细胞分解糖以取得能量，这是形成二氧化碳（CO_2）和水的过程（呼吸）。

3. 地球科学

（1）经过蒸发和凝结过程，地球上的水在海洋与陆地之间循环运动。作为理解这一概念的基础：

a. 学生懂得，地球上的大部分水是海洋中的咸水，它覆盖地球大部分表面。

b. 学生懂得，液态水蒸发时就变成了空气里的水蒸气，遇冷时重新变成液体，而遇冷至冰点以下时则变成固体。

c. 学生懂得，空气中水蒸气从一个地方移动到另一个地方，可以形成雾或云，它们是很微小的水滴或冰，可以作为雨、冰雹、霰或雪降落到地球上。

d. 学生懂得，河流与湖泊中的淡水量、地下水资源及冰川都是有限的，可以通过循环使用和减少用水延长其存在。

e. 学生了解，当地社区使用的水源。

（2）太阳能带给地球的热量不均匀，由此造成空气流动，形成天气变化的模式。作为理解这一概念的基础：

a. 学生懂得，地球受热不均匀导致空气流动（对流）。

b. 学生懂得，海洋对天气的影响，懂得水循环在气象分布图中所发挥的作用。

c. 学生懂得，不同类型的恶劣天气的原因与结果。

d. 学生懂得，如何使用气象图和气象数据预测当地天气，懂得天气预报依赖于多种变量。

e. 学生懂得，地球上的大气有压力，大气压力随着与地球表面距离的增大而减小，任何一点的大气压力在任何一个方向都是相等的。

（3）太阳系由行星和其他天体构成，它们沿着可以预测的路径围绕太阳运行。作为理解这一概念的基础：

a. 学生懂得，太阳是一颗不大不小的恒星，但在太阳系中是处于中心而且是最大的天体，它主要由氢和氦构成。

b. 学生懂得，太阳系包括地球、月亮、太阳、八颗其他行星（这个课程标准是 1998 年发行的，所以仍然认为太阳系有九大行星——译者注）及其卫星，以及较小的天体，如小行星与彗星。

c. 学生懂得，一个行星围绕太阳运行的轨道取决于太阳与该行星之间的引力。

4. 探究与试验

科学因提出有意义的问题和谨慎地进行试验而取得进步。作为理解这一概念和学好其他三个部分内容的基础，学生应当会提出自己的问题，并进行探究。学生将：

a. 依据合适的标准给物体（如岩石、植物、叶子）分类。

b. 提出一个可以检验的问题。

c. 基于学生提出的问题规划并实施一个简单的探究活动，并写出他人能领会并便于实施的步骤。

d. 确定探究活动中的因变量与自变量。

e. 确定探究活动中一个自变量，并解释这个变量可以用于收集信息，回答试验结果的问题。

f. 选择合适的工具（如温度计、米尺、天平、量筒），进行定量观察。

g. 使用合适的图表（包括图表、曲线图、有标题的图解）记录数据，并根据这些数据进行推论。

h. 依据科学证据做出结论，确定是否需要更多的信息支持一个具体结论。

i. 撰写探究活动的报告，包括进行试验、收集数据或检验证据及得出结论。

第八节　6　年　级

1. 地球科学

（1）板块结构理论与地球的结构。

板块结构理论解释了地球表面和主要地质事件的重要特征。作为理解这一概念的基础：

a. 学生懂得，板块结构理论的证据是从各大陆拼接相吻合而得到的；了解地震、火山和洋中脊的位置；了解化石、各种岩石及古代气候带的分布。

b. 学生懂得，地球是由多个层次构成的：一个冰冷、易碎的地壳，一个炽热、对流的地幔，一个密集、含着金属的地核。

c. 学生懂得，岩石圈板块有大陆那么大，海洋因地幔的运动每年以几厘米的速度移动。

d. 学生懂得，地震是由地球外壳断裂即断层引起的突然震动，火山和地裂是岩浆达到地面处。

e. 学生懂得，主要的地质事件，如地震、火山爆发和造山都是板块运动的结果。

f. 学生懂得，如何根据板块结构理论解释加利福尼亚州地质情况的主要特征（包括山脉、断层、火山）。

g. 学生懂得，如何确定一次地震的中心，知道地震对任何一个地区的影响是不同的，取决于地震的大小、该地区与震中心的距离、当地的地质情况，以及该地区建筑物的类型。

（2）地面的形成。

地形由岩石与土壤风化以及沉淀物流动和积淀而形成。作为理解这一概念的基础：

a. 学生懂得，水流下山是形成风景的主要过程，包括加利福尼亚的风景。

b. 学生懂得，河流与溪流是自然、反复地侵蚀、运送沉淀物，改变河道和淹没河岸的主要动因。

c. 学生懂得，海滩是河流提供沙子的主要动因，沙子因为波浪的作用沿着海岸而流动。

d. 学生懂得，地震、火山爆发、山崩和洪水改变人类与野生动物的栖息地。

2. 物质科学

（1）热（热能）。

热能由较热的物体有规律地流向较冷的物体，直到所有物体达到同样的温度。作为理解这一概念的基础：

a. 学生懂得，能量可以从一个地方输送到另一个地方，输送的手段可以是热流、波（包括水波、光波和声波），或移动物体。

b. 学生懂得，当燃料被耗尽时，释放出来的大部分能量变成了热能。

c. 学生懂得，热通过固体而传导（传导不涉及物质的流动），也通过液体而传导和通过对流而传导（涉及物质的流动）。

d. 学生懂得，热能也通过辐射在物体之间传输（辐射可以穿透空间）。

（2）地球系统中的能量。

地球表面上的许多现象都是通过辐射与对流受到能量转换的影响。作为理解这一概念的基础：

a. 学生懂得，太阳是地球表面上许多现象的主要能源；它是风力、海流和水文循环的动力。

b. 学生懂得，太阳主要是以可见光的形式通过辐射抵达地球。

c. 学生懂得，地球内部的热主要通过对流达到地面。

d. 学生懂得，对流在大气层中和在海洋中散布热量。

e. 学生懂得，压力、热量、空气流动和湿度等方面的差异导致了天气变化。

3. 生命科学

（1）生态学。

生态系统的生物相互之间及与环境之间交换能量和营养。作为理解这一概念的基础：

a. 学生懂得，阳光作为进入生态系统的能量通过光合作用转化为化学能，然后通过食物网从一个生物传到另一个生物。

b. 学生懂得，物质在食物网中及在生物与物质环境之间从一种生物转到其他生物。

c. 学生懂得，生物群体可以按它们在一个生态系统中服务的功能进行分类。

d. 学生懂得，不同类型的生物在相似生物群落中可以发挥类似的生态作用。

e. 学生懂得，一个生态系统可以支持的生物的数量和种类依赖于它所拥有的资源和非生命的因素，如光和水的数量、适合的温度和土壤成分。

（2）资源。

能源与材料在数量、分布、用途及其形成所需要的时间等方面都有差异。作为理解这一概念的基础：

a. 学生懂得，能源的用途取决于把能源转换成有用形式所涉及的因素，以及转换过程的结果。

b. 学生了解，不同的自然能源和材料，包括空气、土壤、岩石、矿藏、石油、淡水、野生动物和森林，并懂得如何把它们分为再生资源和非再生资源。

c. 学生懂得，用于制作日常物品的自然材料的来源。

4. 探究与试验

科学因提出有意义的问题和谨慎地进行试验而取得进步。作为理解这一概念和学好其他三个部分内容的基础，学生应当会提出自己的问题，并进行探究。学生将：

a. 提出一个假设。

b. 选择并使用合适的工具和技术（包括计算器、计算机、天平、弹簧秤、显微镜、望远镜）进行试验以及收集数据和呈现数据。

c. 根据数据画出合适的图表，并对各变量之间的关系进行定性陈述。

d. 用书面报告和口头汇报的形式探究活动的步骤与结果。

e. 审视证据与所提出的解释是否一致。

f. 查阅地形图和地质图，找出这些地图提供的证据，绘制一幅简单的比例图并加以解释。

g. 按自然现象发生的顺序和时间解释一些现象（如岩石的相对年龄和入侵）。

h. 找出一些自然现象未经控制随着时间的变化而发生的变化（如树枝、树丛、河流、山坡）。

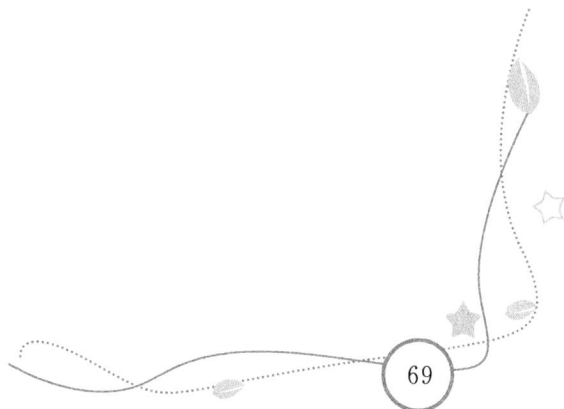

第三章

英国小学科学课程标准[1]

第一节　概　　述

在英国，小学科学课程属于国家课程。在小学科学课程标准中，英国教育部门把小学科学课程学习划分为两个阶段，其中阶段1属于低年级学段（小学1、2年级）；阶段2进一步细分为低（小学3、4年级）、高（小学5、6年级）两个亚阶段。在每个学习阶段不仅有针对整个学段的总体法定要求和一般的建议性要求，而且对每个年级的学习内容和要求也从法定及建议两个层面做了具体规定。在整个小学科学课程标准中也对学习目的、目标、知识、科学本质、科学过程、科学方法、口语表述、课程等级及要达到的目标都有较详细明确的阐述。同时，英国小学课程标准中有明确的法律规定，即学校不应将

---

[1]　资料来源：英国教育部，国家科学课程学习方案：1-2阶段，2013.

"非法定"内容作为教学内容。在英国的小学课程标准中，内容标准主要是在科学学习进程中，将小学阶段的科学学习分为了四个学习进程，在每个学习进程中，在知识、技能和理解中都包括了四个方面：科学探究、物质及其属性、生命进程与生物体、物理过程。对各个年级的学习内容提出了详细的要求和说明。

一、学习目的

构建高质量的科学教育，即通过生物、化学、物理等学科的学习，为学生理解自然世界提供基础。科学不仅改变了我们的生活，还对未来世界的繁荣有着至关重要的作用。所有学生都应该学习有关科学的知识、方法、过程及其用途等基本内容。通过学习一系列重要的基础知识和概念，鼓励学生探究科学解释的内涵，培养他们对自然现象的兴趣和好奇心，帮助学生理解科学是如何解释并预测事物的发生、发展，并分析原因。

二、目标

英国国家科学课程旨在确保所有学生：

（1）通过学习生物、化学、物理这些专业科学的内容，扩展科学知识、强化概念理解。

（2）利用不同类型的科学调查，使他们了解生活的世界，从而强化他们对科学的本质、过程和方法的理解。

（3）不仅掌握必须具备的科学知识及其用途，同时知道科学对现在和未来的影响。

三、科学知识与概念理解

本学习方案包含一系列的概念与知识。虽然这些内容对学生取得进步是很重要的，但他们理解力的发展也至关重要。学生为了下一阶段的发展，需要理解每一个知识和概念的关键点。不牢靠、肤浅的理解并不能取得真正的进步，包括：学生在转折期（如中学与小学过渡）建立了严重的错误观念，或者在理解高阶的内容上有重大困难。

学生应该能够用通俗的语言描述相关的过程和关键特征，同时也应该熟悉和准确使用科学术语。一方面扩充自身的专业术语；另一方面把数学方面的知识（包括收集、呈现和分析数据）应用于对科学的理解。科学对社会与经济的影响至关重要，科学的学习应该在更广泛的学校课程中得到最适当的教导。因此，教师通常利用不同的教学情境最大限度地鼓励学生参与科学学习。

四、科学的本质、过程和方法

在"科学任务"中，不同阶段对于科学本质、过程和方法的理解是不同的。它不应被规定为单独的一条。这些说明和指导，不仅给出了如何进行"科学任务"的例子（其中包含生物学、化学、物理学等内容），还注重科学探究的主要特点，让学生学会用多种方法回答相关科学问题。而科学调查的类型有：观察；模式探索；识别、分类和分组；比较和公平的测试（受控调查）；以及使用次级资源的研究。学生应该通过收集、分析和展示数据来寻求问题的答案。在 3～4 年级，"科学任务"会进一步发展，一旦学生对科学有了足够的了解，就能积极地参与更为复杂的实验设计与讨论了。

五、口语表述

英国国家科学课程反映了口语通过整个课程使学生在认知、社会和语言三个方面得到全面发展的重要性。学生的语言听说能力与多样性，是他们准确理解科学术语、清晰表达科学概念的重要基础。学生需要通过互相协助来使自身和他人的想法变得更清晰，而教师则需要确保学生在互相讨论中探寻、纠正错误的理解，并夯实基础。

六、学校课程

虽然学校的科学课程每年都会为第一阶段和第二阶段制定科学课程的学习方案，但学校只要求在阶段结束时完成相关的学习内容。因此，在每个学年，学校可以根据学习方案总体要求，适当提前或延后，较为灵活地安排教学内容。另外学校可以适当地扩充一些下一阶段的内容。同时，所有的学校也必须每年制定本校的学校科学课程，并在网上提供这些信息。

七、目标达成

在每个阶段结束时，学生都应该能够了解、应用和掌握本学习计划所详细规定的学习内容、过程和技能。

第二节 第一阶段——1～2年级

第一阶段的科学教学的主要目标是使学生体验和观察现象，密切探寻自然和人工构造的世界。教师应该鼓励学生的好奇心，并问询他们注意到的内容。同时帮助学生通过使用不同类型的科学调查来回答他们自己的问题，加深他们对科学思想的理解（这些调查包括：观察一段时间内的变化、类型、分组和分类，能进行简单的比较测试，并利用其他信息源查找问题）。从而使学生能够利用简单的科学语言向不同的人、以不同的方式说明自己的发现、交流自己的想法。此阶段大多的科学学习应该通过使用第一手的实践经验来完成，但也应该有一些适当的辅助来源，如书籍、照片和录像。

"科学任务"是在研究方案中单独描述的，但必须始终贯穿于研究方案中实质性科学内容的教学中，并与之密切相关。本说明和指导，举例说明了科学方法和技巧如何与内容的特定元素联系起来。学生实际阅读和拼写的科学术语，应该与他们在第一阶段的单词阅读和拼写知识相一致。

一、第一阶段学习方案——1～2年级

1. 具体规定

在第1～2年级期间，应通过教学内容的学习，使学生学会使用

下列实用的科学方法、过程和技能：

（1）问一些简单的问题，并认识到它们可以用不同的方式来回答。

（2）用简单的设备进行观察。

（3）进行简单的测试。

（4）识别和分类。

（5）用他们的观察和想法支撑问题的答案。

（6）收集和记录数据以帮助回答问题。

2. 说明和指导（非法定）

1～2 年级的学生应该学会探索周围的世界，提出自己的问题。他们应该经历不同类型的科学调查，包括实践活动，并开始认识到他们可能回答科学问题的方式。他们应该使用简单的特征来比较对象、材料和生物，并借此决定如何分类和分组，观察变化，并在指导下注意模式和关系。他们应该问人们问题，用简单的其他资料找到答案。他们应该使用简单的测量和设备（例如放大镜、煮蛋计时器）来收集数据，进行简单的测试，记录简单的数据，讨论他们发现了什么以及他们是如何发现的。通过以上的学习，使他们学会利用以多种方式记录和交流他们的发现，并开始使用简单的科学语言。

这些科学任务应在前两年提供，以便在第 2 年年底前完成研究方案中的目标。学生的学习不必每个研究领域的各个方面都涉及。

二、一年级的学习方案

1. 植物

（1）具体规定

学生应学会：

a. 识别和命名各种常见的野生和园林植物，包括落叶和常绿乔木。

b. 识别和描述各种常见开花植物的基本结构，包括树木。

（2）说明和指导（非法定）

这一年，学生应该利用当地的环境来探索和回答有关在其栖息地生长的植物的问题。在可能的情况下，他们应该观察种植的花卉和蔬菜的生长。他们应该熟悉花卉的俗称，常见的落叶树和常青树，以及植物结构（包括树叶、花朵、花瓣、果实、根、鳞茎、种子、树干、树枝、茎等）。

学生的科学任务包括：可以利用放大镜，仔细观察和比较熟悉的植物；描述他们是如何识别和分组的，并绘制出包括树木在内的不同植物部分的图表。学生可以记录植物是如何随时间变化的，例如树叶从树上脱落和发芽，并对比他们对不同植物的发现。

2. 动物（包括人类）

（1）具体规定

学生应学会：

a. 识别和命名各种常见的动物，包括鱼类、两栖动物、爬行动物、鸟类和哺乳动物。

b. 识别和命名各种常见的动物、食肉动物、食草动物和杂食动物。

c. 描述和比较各种常见的动物（鱼类、两栖动物、爬行动物、鸟类和哺乳动物，包括宠物）的结构。

d. 识别、命名、绘制和标注人体的基本部分，并说出身体的哪一部分与哪个感官有关。

（2）说明和指导（非法定）

这一年，学生应该利用当地的环境来探索和回答有关栖息地的动物的问题。他们应该了解如何照顾当地环境中的动物，以及在研究结束后安全返还动物们的必要。学生应该熟悉一些鱼类、两栖动物、爬行动物、鸟类和哺乳动物的共同名称，包括那些作为宠物饲养的动物的名字。学生应该有很多机会通过游戏、动作、歌曲和韵文掌握身体的主要部位（包括头、颈、胳膊、肘、腿、膝、脸、耳朵、眼睛、头发、嘴巴、牙齿）。

学生的科学任务包括：利用直接或间接（通过视频和照片）观察来比较动物，描述他们如何识别和分组；根据动物的食物、感官（比较不同的质地、声音和气味）来分组动物。

3. 日常材料

（1）具体规定

学生应学会：

a. 区分物体和制造它的材料。

b. 识别和命名各种日常材料，包括木材、塑料、玻璃、金属、

水和岩石。

c. 描述各种日常材料的基本物理性质。

d. 根据基本物理特性，将各种日常材料进行比较和分组。

（2）说明和指导（非法定）

学生应该探索、命名、讨论、提出和回答日常材料的问题，使他们熟悉材料和属性的名称，例如硬/软；无弹性/有弹性；有光泽/无光泽；粗糙/光滑；容易弯曲/不易弯曲；防水/不防水；吸水/不吸水；透明/不透明。学生应该探索和实验各种各样的材料，不仅是那些在研究计划中列出的材料，还包括：砖、纸、织物、弹性材料、箔材。

学生的科学任务包括：进行简单的测试问题探讨。例如：什么是做雨伞最好的材料？做狗篮子衬呢？做窗帘呢？做书架呢？做一个体操运动员的紧身衣呢？

4. 季节变化

（1）具体规定

学生应学会：

a. 观察四个季节的变化。

b. 观察并描述与季节相关的天气，以及日夜长短如何变化。

（2）说明和指导（非法定）

学生应该观察和谈论天气和季节的变化。

注意：应该警告学生，即使戴着墨镜，直视太阳也是不安全的。

学生的科学任务包括：制作关于天气的表格和图表，并根据季节变化，展示他们周围世界的变化，包括白天的长短。

三、2 年级的学习方案

1. 生物和它们的栖息地

（1）具体规定

学生应学会：

a. 探索并比较活着、死亡和无生命的生物之间的差异。

b. 确认大多数生物都生活在适合它们的栖息地，并描述不同的栖息地如何满足不同种类动植物的基本需要，以及它们是如何相互依赖的。

c. 识别和命名各种植物和动物的栖息地，包括微环境。

d. 用一个简单的食物链描述动物是如何从植物和其他动物身上获得它们的食物的，并识别和命名不同的食物。

（2）说明和指导（非法定）

应该让学生认识到所有生物都有一定的特性。这是保持它们健康和生存的必要条件。他们应该提出问题并回答，从而帮助他们熟悉生活中的生物。学生应引入术语"栖息地"（一个自然环境或家里的各种植物和动物）和"微环境"（一个很小的栖息地，比如潮虫在石头、木材或落叶下）。他们应该提出并回答有关当地环境的问题，帮助他们识别和研究栖息地内的各种动植物，观察生物是如何相互依存的，例如，植物是动物食物和庇护所的来源。学生应该把生活在熟悉环境中的动物与生活在不太熟悉的环境中的动物进行比较，例如在海边、林地、海洋、热带雨林中。

学生的科学任务包括：根据活着、死亡或无生命的情况对生物进行分类，并用图表记录他们的发现。他们应该描述如何决定生物的状态的，例如，探索问题："火焰还活着吗？在冬天落叶树死了吗？"然后谈谈回答他们问题的方法。他们可以描述不同栖息地和微生境（在原木下、石头小径、灌木丛下）的状况，了解这些条件是如何影响生活在那里的动植物的数量和类型的。

2. 植物

（1）具体规定

学生应学会：

a. 观察并描述种子和球茎是如何长成成熟的植物的。

b. 找出并描述植物是如何需要水、光和适宜的温度来生长和保持健康的。

（2）说明和指导（非法定）

这一年，学生应该利用当地的环境来观察不同的植物是如何生长的。学生应该了解植物对发芽、生长和存活的要求，以及植物的繁殖和生长过程。

注意：种子和球茎需要水来生长，但大多数不需要光，种子和球茎里面有大量的养分。

学生的科学任务包括：精确地观察和记录各种植物的生长，例如它们随时间从种子或球茎开始的变化；或观察不同生长阶段的相似植物；进行比较试验，表明植物需要光和水来保持健康。

3. 动物（包括人类）

（1）具体规定

学生应学会：

a. 关心包括人类在内的动物成年后都能够繁育后代。

b. 了解并描述动物（包括人类）生存的基本需求（水、食物和空气）。

c. 描述运动对人类的重要性，吃适量的不同种类的卫生的食物，以及卫生。

（2）说明和指导（非法定）

学生应该了解动物生存的基本需要，以及人类运动和营养的重要性。他们还要了解动物的繁殖和生长过程。这一阶段的重点应该放在帮助学生认识成长的问题上，不应期望他们了解生殖是如何发生的。下面的例子可能会用到：鸡蛋、小鸡、鸡、蛋、毛毛虫、蛹、蝴蝶、产卵、蝌蚪、青蛙、小羊、绵羊。成长为成年人可以包括参考婴儿、幼儿、儿童、青少年、成人。

学生的科学任务包括：通过录像或第一手观察和测量，观察不同的动物，包括人类，如何成长；询问动物生存所需要的东西和人类如何保持健康的问题，并提出解决问题的方法。

4. 日常材料的用途

（1）具体规定

学生应学会：

a. 确定并比较各种日常材料的适用性，包括木材、金属、塑料、玻璃、砖、岩石、纸和纸板等。

b. 找出一些固体材料，它们的形状可以改变，如被挤压、弯曲、扭转和拉伸。

（2）说明和指导（非法定）

学生应该确定并讨论不同的日常材料的用途，从而使他们知道一些材料可以用于一个以上的物体（金属可用于硬币、罐头、汽车和桌腿；木材可用于火柴、地板、电线杆）或不同的材料用于同一个物体（勺子可以由塑料、木材、金属制作，但通常不用玻璃）。他们应该从材料的特性出发，考虑这些材料是否适合特殊用途，并鼓励他们思考日常材料有哪些不同寻常的和具有创造性的用途。学生会知道是哪些人开发的新材料，比如 John Dunlop、Charles Macintosh、John McAdam。

学生的科学任务包括：比较在学校和学校周围发现的日常材料和在其他地方发现的材料（在家里、上学之旅、访问、故事、韵文和歌曲）；密切观察、识别和分类不同材料的用途，并记录他们的观察结果。

第三节　第二阶段——3～4 年级

低年级第二阶段的科学教学，重点是让学生扩大他们对周围世界的科学视野。学生应该通过探索、谈论、测试和发展关于日常现象和生物与熟悉环境之间的关系的思想，并开始发展他们对功能、关系和相互作用的看法。他们应该学会主动探究，并尝试自己决定采用何种调查方式才是探究问题的最好方法。包括观察时间的变化，探究模式，分组和分类，进行简单的比较和公平的测试，并利用二手信息找到问题。首先，他们应该得出简单的结论，并学会使用一些科学的语言谈论，然后，学会写出他们发现的东西。虽然"科学任务"在研究计划开始时是单独描述的，但必须始终通过研究方案中的实质性科学内容进行教学和明确相关。本说明和指导，举例说明了科学方法和技巧如何与内容的特定元素联系起来。

学生应该正确和自信地阅读和拼写科学术语，并利用他们不断增长的单词阅读和拼写知识。

一、第二阶段学习方案——3～4年级

1. 具体规定

在第3～4年级期间，应通过教学内容的学习，使学生学会使用下列实用的科学方法、过程和技能：

（1）询问相关问题，并使用不同类型的科学调查来回答。

（2）建立简单实用的调查过程、比较分析，以及公平的测试。

（3）进行系统与细致的观察，并酌情使用标准单位进行准确的测量，使用一系列设备，包括温度计和数据记录仪。

（4）以各种方式收集、记录、分类和呈现数据，用来帮助回答问题。

（5）使用简单的科学语言、图纸、标签图、图例、条形图和表格记录结果。

（6）报告调查结果，包括口头和书面解释，展览或介绍结果和结论。

（7）利用结果得出简单的结论、对新性能进行预估，提出改进建议以及深层次的问题。

（8）辨识与简单的科学概念和过程相关的变化之处、相似之处与不同之处。

（9）使用简单的科学证据来回答问题或支持他们的发现。

2. 说明和指导（非法定）

对于3年级和4年级的学生应给予一系列的科学经验，使他们能够提高自己对周围世界提出问题。他们应该：学着用最适合自己的科学调查方式来回答科学问题；认识到一个简单公平的测试不仅是必需的且有助于他们决定如何设定问题；探讨分组、排序与归类的标准；并能利用一些简单的线索。他们应该学会探寻自然发生的形式和关系，并决定收集哪些数据用来识别这些形式。他们还应学着自己决定观察内容，以及简易观察设备的型号和使用的时间。

学生应该适当地学习如何使用新的设备，如数据记录器。他们应该利用笔记、简单表格和标准单位，从自己的观察和测量中收集数据，并自己决定如何记录和分析这些数据。在教师的帮助下，学生应该学会从数据的异同、变化、形式中得出简单的结论，并回答相关的问题。在教师的支持下，他们应该发现数据产生的新问题，预测他们收集到的数据之内或之外的新价值，并找到改进他们已经做过的事情的方法。他们还应该认识到二手资料来源于何时以及如何帮助他们回答无法通过实际调查回答的问题。学生应该使用相关的科学语言来讨论他们的想法，并以适合不同听众的方式交流他们的发现。

这些科学工作机会应在3年级和4年级期间提供，以便在第4年年底前达成研究方案中的目标。学生的学习不需要覆盖每一个研究领域的各个方面。

二、3 年级的学习方案

1. 植物

（1）具体规定

学生应学会：

a. 识别和描述的开花植物不同部分的功能，如根、茎、树干、树叶和花朵。

b. 探索植物生存和生长的要求（空气、光、水、土壤养分和生长空间）以及植物之间的差异。

c. 研究水在植物中的运输方式。

d. 探索花期在开花植物生命周期中发挥的部分，包括授粉、种子形成和种子分散。

（2）说明和指导（非法定）

教师应告诉学生结构与功能之间的关系：每个部分都有其自己的作用。学生需要关注根与茎不仅是植物营养器官，还为整个植物提供支撑作用，而叶子属于营养器官，花朵为生殖器官。

注意：教师可以引导学生了解植物可以自己制造食物的观点，但在这个阶段他们不需要理解这种情况是如何发生的。

学生的科学任务包括：比较不同因素对植物生长的影响，例如太阳光照量、施肥量；通过观察一段时间内植物生命周期的不同阶段，发现种子是如何形成的；在果实结构中寻找与种子分散相关的模式。他们可能会观察水在植物内部是如何运输的，例如将白色的康乃馨放入有色水中，观察水如何沿着茎到花。

2. 动物（包括人类）

（1）具体规定

学生应学会：

a. 确定动物（包括人类），所必需的营养种类和数量，而且他们不能自己做食物；需要从所吃的食物中获取营养。

b. 确定人类和其他一些动物有支撑，保护和运动的骨骼和肌肉。

（2）说明和指导（非法定）

学生应该继续了解营养的重要性，并将其引入与骨骼和肌肉相关的主体部位，了解身体的不同部位是否具有特殊功能。

学生的科学任务包括：对有和没有骨骼的动物进行辨识与分组，观察和比较他们的运动过程。探索如果人类没有骨骼会发生什么。他们可以比较和对比不同动物（包括他们的宠物）的饮食，并根据他们吃什么来决定分组的方式。他们可能研究不同的食物群体，以及他们如何保持健康，并根据他们发现的方式设计餐点。

3. 岩石

（1）具体规定

学生应学会：

a. 根据其外观和简单的物理特性，对不同种类的岩石进行比较和组合。

b. 以简单的方式描述当生活中的东西被掩埋在岩石中时是如何形成化石的。

c. 认识到土壤是由岩石和有机物质组成的。

（2）说明和指导（非法定）

与地理工作相关联，学生应探索不同种类的岩石和土壤，包括当地环境中的岩石和土壤。

学生的科学任务包括：观察岩石，包括建筑物和墓碑中使用的岩石，并探索如何以及为什么随着时间的推移会发生变化。用手上的透镜或显微镜帮助他们了解岩石是否有颗粒或晶体，以及是否有化石来对岩石进行识别和分类。学生可以研究和讨论在沉积岩中发现化石的不同类型的生物，并探索化石是如何形成的。学生可以探索不同的土壤，找出它们之间的相似之处和不同之处，研究岩石被摩擦在一起时发生了什么，或者当它们在水中时会发生什么变化。他们可以提出并回答有关土壤的形成方式的问题。

4. 光

（1）具体规定

学生应学会：

a. 认识到他们需要光，才能看到事物，黑暗是没有光。

b. 注意光从表面反射。

c. 认识到太阳的光线可能是危险的，并有办法保护自己的眼睛。

d. 认识到当来自光源的光被不透明物体阻挡时形成阴影。

e. 发现影子的大小变化的模式。

（2）说明和指导（非法定）

学生应该探索当光线从镜子或其他反射面反射时会发生什么，包括玩镜子游戏，以帮助他们回答有关光线的问题。他们应该思考为什么保护他们的眼睛免受明亮的灯光伤害是重要的。他们应该寻找和衡

量阴影，并找出它们是如何形成的，什么可能导致阴影改变。

注意：应该警告学生，即使戴着墨镜，直视太阳也是不安全的。

学生的科学任务包括：寻找当光源移动或光源和物体之间的距离发生变化时，阴影发生的变化模式。

5. 力与磁

（1）具体规定

学生应学会：

a. 比较不同表面上的东西如何移动。

b. 注意到一些力需要在两个物体之间接触，但是磁力可以在一定距离上起作用。

c. 观察磁铁如何吸引或排斥对方，吸引哪些材料不吸引哪些材料。

d. 在各种日常材料的基础上比较和组合是否被磁体吸引，并识别一些磁性材料。

e. 知道磁铁有两极。

f. 预测两个磁体是否会相互吸引或排斥，这取决于用哪个磁极相对。

（2）说明和指导（非法定）

学生应该观察到磁力可以不直接接触而发挥作用，不像大多数力，需要直接接触（例如打开门，推动摆动）。他们应该探索不同的磁铁的日常用途（例如门闩、戒指、纽扣和马蹄铁）。

学生的科学任务包括：比较不同的东西如何移动和分组；提出问题和进行测试，以找出物体在不同的表面上移动距离，收集和记录数据以找到答案；探索不同的磁铁的力量，找到一个公平的方式来比较；整理哪些材料有磁性和哪些没有；寻找磁铁相互作用的方式，以及可能影响这种情况的模式，例如磁铁的强度或磁极面对另一个；确定这些属性如何使磁铁在日常用品中有用，并建议不同磁铁的创造性用途。

三、4年级的学习方案

1. 生物及其栖息地

（1）具体规定

学生应学会：

a. 认识到生物可以以各种方式分组。

b. 探索和使用分类条件，帮助在当地和更广泛的环境中对各种生物进行分组、识别和命名。

c. 认识到环境可以改变，这有时会给生物带来危险。

（2）说明和指导（非法定）

本学年，学生应利用当地的环境来提出和回答有助于他们识别和研究栖息地植物和动物的问题。在本学年，学生应该明白栖息地是如何变化的。学生应该探索将各种各样的生物的分类方法，包括动物、开花植物和非开花植物。学生能明白脊椎动物包括鱼类、两栖动物、爬行动物、鸟类和哺乳动物等群体中，而无脊椎动物则包括蜗牛和蛞蝓、蠕虫、蜘蛛和昆虫。

注意：植物可以分为不同的种类，如开花植物（包括草）和非开花植物，如蕨类植物和苔藓。学生应该探索环境对人类的影响（正面

和负面）的例子，例如自然保护区、生态规划公园或花园池塘的正面
影响，以及人口与发展、凋落物或毁林的负面影响。

学生的科学任务包括：使用和制作简单的指南来探索和识别当地
的动植物以及生物；根据对动物的观察和研究提出问题并回答。

2. 动物（包括人类）

（1）具体规定

学生应学会：

a. 描述人体消化系统基本部分的简单功能。

b. 确定人类牙齿的不同类型及其基本功能。

c. 构建和解释各种食物链，识别生产者、捕食者和猎物。

（2）说明和指导（非法定）

学生应该了解与消化系统有关的各个身体部位，包括口腔、舌
头、牙齿、食道、胃和小肠及大肠，并探讨帮助他们了解其特殊功能
的问题。

学生的科学任务包括：比较食肉动物和食草动物的牙齿，并提出
差异的原因；找出牙齿受损的原因以及如何护理牙齿。他们可能绘制
并讨论他们关于消化系统的想法，并将这些想法或者成果与模型或图
像进行比较。

3. 物质的状态

（1）具体规定

学生应学会：

a. 将材料按固体、液体或气体进行比较和分组。

b. 观察一些材料在加热或冷却时是否改变状态，测量和研究用

摄氏度表示的温度变化。

c. 确定水循环中蒸发和凝结之间的关系，并将蒸发率与温度联系起来。

（2）说明和指导（非法定）

学生应该探寻各种日常材料以及学会对不同物质状态进行简单描述（例如固体形状不易改变；是一池液体而非一堆液体；气体可以逃离密闭容器）。学生应该明白水存在气、液、固三种状态，并注意在加热或冷却时水的变化。

注意：教师应避免使用那些由于化学变化而发热的材料，例如通过烘烤或燃烧。

学生的科学任务包括：对各种不同的材料进行分组和分类；探索温度对巧克力、黄油、奶油等物质的影响（例如为聚会制作巧克力脆饼和冰淇淋等食物）。他们可以研究材料改变状态的温度，例如，当铁熔化或氧气凝结成液体时。他们可以观察并记录一段时间的蒸发过程（例如操场上的水坑或冲洗后的管道）；探讨在洗涤、干燥或雪人融化时温度的影响。

4. 声音

（1）具体规定

学生应学会：

a. 明确声音是如何产生的，把其中一些声音与振动的东西联系起来。

b. 认识到声音的振动通过介质传播到耳朵。

c. 发现声音的音高和产生它的物体的特征之间的关系。

d. 发现在声音的音量和产生的振动的强度之间的关系。

e. 认识到声音随着声源的距离增加而变弱。

（2）说明和指导（非法定）

学生应该探索和明白声音是通过世界各地不同物体的振动而产生的，并找出音高和音量的变化方式。

学生的科学任务包括：利用不同的物体，如不同大小的平底锅或不同厚度的橡皮筋发出声音。他们可以利用各种不同的材料来研究制作耳罩，找到隔音效果最好的隔音材料。他们可以利用他们发现的音高和音量来制作和演奏他们自己的乐器。

5. 电

（1）具体规定

学生应学会：

a. 认识用电运行的常用电器。

b. 构建一个简单的串联电路，辨识它的基本组成部分与名称，包括电池、电线、灯泡、开关和蜂鸣器。

c. 明白灯是否会在简单的串联电路中发光，取决于灯是否是电池的完整回路的一部分。

d. 明白一个开关可以打开和关闭一个电路，并将它与一个简单串联电路中的灯是否点亮联系起来。

e. 识别一些常见的导体和绝缘体，并将金属与良导体联系起来。

（2）说明和指导（非法定）

学生应该学会构建简单的串联电路，尝试不同的组件，例如灯、蜂鸣器和电机，包括开关，用电路来创建简单的设备。学生应该把电路画成图形表示，不一定在这个阶段使用传统的电路符号，这些将在6年级引入。

注意：学生可能会使用电流和电压的术语，但这些不应该在这个阶段正式地引入或定义。学生要学会用电安全工作的注意事项。

学生的科学任务包括：如果增加电池数量，灯泡就会变亮；往往金属是电的导体，有些材料可以但有些材料不可以用来连接电路。

第四节　第三阶段——5～6年级

本阶段科学教学的主要重点是使学生对各种科学思想有更深入的了解。他们可以探索和谈论自己的想法；询问关于科学现象的问题；更系统地分析功能、关系和相互作用等来发展自己对科学思想的了解。学生应该锻炼抽象思维，并利用这些思维方法帮助他们理解和预测世界运作的方式。他们也应该开始认识到科学观念是随着时间而变化和发展的。学生应该学会使用不同类型的科学调查，并选择最合适的方法来回答科学问题，包括观察不同时间段的变化、观察方法、分组和分类、进行比较和公平测试，并利用大量的二手信息来解决各种问题。学生应该根据他们获得的数据和观察结果得出结论、找寻证据来证明他们的观点，并利用他们的科学知识和理解来解释他们的发现。

"科学地工作和思考"是在研究计划开始时单独描述的，但必须始终贯穿于研究方案中的实质性科学内容。在本指导中，举例说明了科学方法和技巧如何与内容的特定元素联系起来。

学生应正确阅读、拼写和拼读科学词汇。

一、第三阶段学习方案——5～6 年级

1. 具体规定

在第 5～6 年级期间，应通过教学内容的学习，使学生学会使用下列实用的科学方法、过程和技能：

（1）设计不同类型的科学探究方式回答问题，必要时需要识别和控制变量。

（2）测量、使用一系列科学设备，以提高准确性和精确度，在适当时重复读数。

（3）使用科学图表和标签、分类符、表格、散点图、条形图和线图记录复杂的数据与结果。

（4）利用测试结果进行预测，建立适当、公平的测试。

（5）以口头和书面形式（如展示和其他陈述方式）报告和提出调查结果，包括结论、因果关系、对结果的解释和可信程度。

（6）鉴定用来支持或驳斥想法或论据的科学证据。

2. 说明和指导（非法定）

5～6 年级的学生应该利用他们的科学经验：研究概念、提出各种问题；选择并规划最合适的科学探究方法，用来回答科学问题；确认何时以及如何建立适当、公平的测试，解释哪些变量需要控制及其原因。他们应该学会使用、发展关键因素，以及其他信息记录，用来辨识、分类和描述生物和材料，并确定在自然环境中可能找到的方

法。他们应该学会决策，做哪些观察，使用什么工具度量，需要多少时间，是否重复它们；选择最合适的设备进行测量，并解释如何准确使用它。他们要决定选择何种熟悉的方法去记录数据；在数据中寻找不同的因果关系；识别、反驳或支持他们观点的证据。他们应该使用他们的结果来确定何时需要进一步的测试和观察；认识哪些二手信息资源对研究他们的想法最有用，并开始将观点与事实分开。他们应该使用相关的科学语言和插图来讨论、交流和证明科学概念，并且讨论这些概念是如何随着时间发展的。

这些科学工作机会应在 5 年级和 6 年级期间提供，以便在第 6 年年底之前能够满足研究方案中的目标。学生的学习不需要覆盖每一个研究领域的各个方面。

二、5 年级的学习方案

1. 生物及其栖息地

（1）具体规定

学生应学会：

a. 描述哺乳动物、两栖动物、昆虫和鸟类生命周期的差异。

b. 描述一些动植物繁殖的生命过程。

（2）说明和指导（非法定）

本学年，学生应该学习和提出有关当地环境的问题。他们应该观察生物多样性的生命周期变化，例如在植物园或花境中的植物，以及当地环境中的动物。他们应该了解自然和动物行为学家的工作，例如，大卫·爱登堡和珍妮·古道尔。

学生应该了解不同类型的生殖方式，包括植物的有性生殖和无性生殖，以及动物的有性繁殖。

学生的科学任务包括：观察和比较当地环境中动植物与其他动植物（在雨林、海洋、沙漠地区和史前时期）的生命周期，提出相关问题并提出相似和差异的原因。他们可能会从母体植物不同部位种植新植物，例如种子、根和茎扦插、块茎、鳞茎。他们可以观察动物在一段时间内的变化（例如孵化和饲养小鸡），比较不同的动物如何繁殖和成长。

2. 动物（包括人类）

（1）具体规定

学生应学会：

描述人类随着年龄增长而发生的变化。

（2）说明和指导（非法定）

学生应该画一个时间表来表明人类成长和发展的阶段。他们应该了解青春期经历的变化。

学生的科学任务包括：研究其他动物的怀孕期，并将它们与人类进行比较；发现和记录婴儿生长时的长度和质量。

3. 材料的性质与变化

（1）具体规定

学生应学会：

a. 根据材料的性质，包括硬度、溶解性、透明度、导电性（电学和热学）以及对磁体的响应来比较和组合日常材料。

b. 知道一些物质会溶解在液体中形成溶液，并描述如何从溶液中回收物质。

c. 使用固体、液体和气体的知识来决定混合物如何分离，包括过滤、筛分和蒸发。

d. 根据公平、合理测试后得到的证据，说明日常材料，包括金属、木材和塑料的特殊用途。

e. 说明溶解、混合和状态变化是可逆的变化。

f. 解释一些变化导致新材料的形成，这种变化通常是不可逆的，包括与燃烧有关的变化以及酸对碳酸氢钠的作用。

（2）说明和指导（非法定）

学生应该通过探索和比较各种材料的特性，包括 3 年级学习的磁性知识和 4 年级学习的电学知识，从而对材料进行更系统的理解。他们应该研究可逆的变化，包括蒸发、过滤、筛选、熔化和溶解，认识到熔化和溶解是不同的过程。学生应该探索难以逆转的变化，例如燃烧、生锈和其他反应（如酸对碳酸氢钠的作用）。学生还应该了解化学家创造新的材料，例如 Spencer Silver，他发明了便签，或 Ruth Benerito，他发明了无皱棉。

注意：学生不需要在这个阶段对导电性和绝缘性进行定量测量。他们可以观察到有些导体在电路中会产生比其他导体更亮的灯泡，而且有些材料在放置于热源时会感到比其他材料更热。燃烧材料时应遵循安全准则。

学生的科学任务包括：进行一些实验来回答问题，例如，"做一个温暖的夹克哪种材料是最有效的；为了减缓融化，选择什么材料包装冰淇淋、或者哪种材料最适合制作遮光窗帘。学生可以比较材料以便在电路中进行切换。他们还可以观察和比较发生的变化，例如，当燃烧不同的材料或烘烤面包或蛋糕时，学生可以研究和讨论化学变化如何影响我们的生活，如烹饪。他们可以讨论新材料如聚合物、超黏性和超薄材料的创造性使用。

4. 地球与空间

（1）具体规定

学生应学会：

a. 描述太阳系中地球和其他行星的公转运动。

b. 描述月球围绕地球的公转运动。

c. 将太阳、地球和月球描述为近似球形体。

d. 用地球自转的概念来解释白天和黑夜以及太阳在天空中的明显运动。

（2）说明和指导（非法定）

教师应该向学生介绍太阳和地球的特点，使他们能够解释白天和黑夜。学生应该知道太阳是我们太阳系中心的一颗恒星，它有八颗行星，分别是：水星、金星、地球、火星、木星、土星、天王星和海王星（冥王星在 2006 年被重新归类为"矮行星"）。他们应该明白月球是环绕行星运行的天体（地球有一个月球，而木星有四个大卫星和许多小卫星）。

注意：应该警告小学生，即使戴着墨镜，直视太阳也是不安全的。

学生应该了解人类认识太阳系的发展过程，明白太阳系的"地心说"，地心说被"日心模型"取代，是多位科学家的功劳，如托勒密、阿尔哈曾、哥白尼。

学生的科学任务包括：通过互联网连接和直接沟通的方法，来比较地球上不同地方的时间差异；制作太阳系的简单模型；构建简单的阴影钟和日晷，校准显示正午的时间，以及上学日的开始和结束时间；了解为什么有些人认为像巨石阵这样的古建筑可能被用作天文钟。

5. 力

（1）具体规定

学生应学会：

a. 解释不受支持的物体落在地球上，是因为重力作用于地球和落物之间。

b. 识别空气阻力、水阻力和摩擦之间的作用。

c. 认识到一些机械装置，允许较小的力产生更大的影响，包括杠杆、滑轮和齿轮。

d. 用地球自转的概念来解释白天和黑夜以及太阳在天空中的明显运动。

（2）说明和指导（非法定）

学生应该探究物体的下落过程，并提出关于空气阻力效应的问题。他们还应该探究如何通过观察不同的对象（如降落伞和掉落的桑树种子），了解空气阻力对下落物体的影响。学生应体验力是如何使物体移动、加速或减速的。他们还应该探究摩擦力对运动的影响，并找出它如何减缓或停止移动物体，例如，通过观察刹车对自行车车轮的影响。学生应该研究杠杆、滑轮等简单机械对运动的影响。学生概要了解一些科学家，如伽利略和艾萨克·牛顿的引力理论。

学生的科学任务包括：研究掉落的纸筒或纸杯蛋糕盒的下落过程，对设计和制作各种降落伞进行简单的测试，以确定哪些设计是最有效的。学生可以通过制作和测试不同形状的船来探索水中的阻力。他们还可以设计和制造使用杠杆、滑轮、齿轮或弹簧的产品，并探索它们的效果。

三、6 年级的学习方案

1. 生物及其栖息地

（1）具体规定

学生应学会：

a. 描述如何根据常见的观察特征、并基于其相似性和差异性来进行生物分类，包括微生物、植物和动物。

b. 根据具体特征给出植物和动物分类的理由。

（2）说明和指导（非法定）

学生应该在 4 年级学习更多关于生物分类的知识，更详细地观察分类系统。教师应该向学生引入这样一种观点，即微生物、植物和动物等广泛的群体可以细分。学生应尽可能地利用直接观察，将动物分类为：常见的无脊椎动物（如昆虫、蜘蛛、蜗牛、蠕虫）和脊椎动物（鱼类、两栖动物、爬行动物、鸟类和哺乳动物）。他们还应该讨论为什么生物被放在一类别组而不是另一个类别的原因。

学生可能会发现科学家的工作的重要性，如 Carl Linnaeus，是生物分类的先驱。

学生的科学任务包括：利用分类系统和分类特点来认识当前环境中的动植物。他们可以从其他的栖息地中研究不熟悉的动物和植物，并决定它们应属于哪个分类系统。

2. 动物（包括人类）

（1）具体规定

学生应学会：

a. 识别和说出人体循环系统的主要部分，并描述心脏、血管和血液的功能。

b. 认识到饮食、运动、药物和生活方式对他们身体机能的影响。

c. 描述包括动物在内的动物体内营养物质和水分的运输方式。

（2）说明和指导（非法定）

学生应该从 3～4 年级就学习身体各组成部分和内脏器官（包括骨骼、肌肉和消化系统），利用这些知识进行探索和研究，以帮助他们了解循环系统是如何使身体发挥不同功能的。

学生应该学会如何保持身体健康、怎样保护自己的身体，包括一些药物和其他物质对人体的危害。

学生的科学任务包括：探究与饮食、运动、药物、生活方式等与健康有关的科学家工作和科学研究内容。

3. 进化与遗传

（1）具体规定

学生应学会：

a. 认识到生物随着时间的推移发生了变化，而化石则提供了数百万年前居住在地球上的生物的信息。

b. 认识到生物虽然产生同种的后代，但通常后代都会有变化，而且与父母不完全相同。

c. 辨识动物和植物是如何以不同的方式适应环境的，而且适应可能会导致进化。

（2）说明和指导（非法定）

学生可以根据他们在 3 年级学到的关于化石的知识，更多地了解地球上生物是如何随时间变化的。他们应该认识到，特征是从父母传给他们的后代的。可以考虑到不同品种狗的杂交，如拉布拉多犬与贵宾犬。他们还应该认识到，随着时间的推移，后代的变异或多或少是为了使动物在特定的环境中生存，例如，研究长颈鹿的脖子为什么那么长，或者北极狐皮毛的发育。学生可以了解古生物学家如玛丽·安宁的工作，查尔斯·罗伯特·达尔文和阿尔弗雷德·拉塞尔·华莱士是怎样发展进化论思想的。

注意：在这个阶段，学生不需要理解基因和染色体是如何工作的。

学生的科学任务包括：观察和提出关于当地动物的问题，以及它们是如何适应环境的。比较一些生物在极端条件下是如何适应和生存的，例如仙人掌、企鹅和骆驼。他们会分析生物适应的具体优点和缺点，比如为什么是两只脚不是四只、有一个或长或短的喙、有鳃和肺，攀援植物为什么有卷须、颜色明亮和带香味的花。

4. 光

（1）具体规定

学生应学会：

a. 认识到光线是直线传播的。

b. 使用光以直线传播的概念来解释物体被看见是因为它们发出或反射光线到眼睛里。

c. 解释我们看到事物是因为光从光源到眼睛，或者从光源到物体再到我们的眼睛。

d. 使用光以直线传播的思想来解释为什么阴影和投射物体的形状相同。

（2）说明和指导（非法定）

学生应该在 3 年级学习有关光的基础上，探索光的传播方式，包括光源、反射和阴影。他们应该谈谈这个过程中发生了什么并做出预测。

学生的科学任务包括：决定在何处放置汽车的后视镜，制作潜望镜，并用光沿直线传播来解释它是如何工作的。他们可以用皮影戏来研究光源、物体和阴影之间的关系。还可以通过观察一系列现象，包括彩虹、肥皂泡上的颜色、在水中弯曲的物体和彩色滤光片（他们不需要解释为什么出现这些现象）来扩展他们对光的体验。

5. 电

（1）具体规定

学生应学会：

a. 将灯的亮度或蜂鸣器的音量与电路中使用的电池的数目和电压相关联。

b. 比较和解释组件功能的变化，包括灯泡的亮度，蜂鸣器音量和开关处在开/关的位置。

c. 在图表中表示简单电路时使用识别符号。

（2）说明和指导（非法定）

依据 4 年级的学习，学生应该可以构建简单的串联电路，并能解释相关的问题。他们还要尝试不同的组件，如开关、灯泡、蜂鸣器和电机。他们应该学习如何用识别符号来表示图表中的简单电路。

注意：学生将学习只涉及串联电路，不包括并联电路。学校应该教育学生采取必要的安全措施以安全地使用电。

学生的科学任务包括：系统地识别在电路中改变一次元件后的效果；设计和制造一组交通信号灯、防盗警报器或其他有用的电路。

第四章

日本小学科学课程标准[1]

第一节　概　　述

　　在日本，小学科学课程标准被称为小学理科学习指导要领。在1947年、1952年进行了第一次修订，之后在1958年、1968年、1977年、1989年、1998年、2008年分别进行了修订，大约每十年进行一次修订。其中日本在1947年和1952年颁布的小学科学课程标准均带有"试案"二字，1958年以后颁布的小学科学课程标准开始去掉了"试案"二字。其中在1958年、1968年和1977年颁布的小学科学课程标准中均包括低年级科学（1～2年级），之后颁布的小学科学课程标准开始取消低年级的科学，只保留了3～6年级的科学，与我国2017版小学科学课程标准正式实施前的科学课开设年级段相同。日

---

[1]　资料来源：日本文部省，学习指导纲要——理科，2008.

本的小学科学课程标准是小学课程标准中的一部分，日本新订小学课程标准由总则，各学科包括国语、社会、算数、理科、生活、音乐、图画、家庭和体育，以及道德外语活动、综合性学习实践和特别活动构成，呈现出多元化结构。其中"总则"针对小学各学科规定了教育编制的一般方针、关于各学科内容和课时处理的共同事项以及制定指导计划等应考虑的事项。而各学科的"理科"部分规定了"理科的目标""各学年目标与内容"和"指导计划的制订和内容处理"三个部分，即是日本小学理科课程标准的全部内容，它决定了日本《科学》教科书的编制基准、编制主体、编制取向的转型和编制框架建构以及综合性课程内容编选方向。

日本小学科学的内容分为生物与环境、物质与能量、地球与宇宙三个部分，与英国小学科学课程标准的学习内容的划分板块类似。此外，日本小学科学课程标准且对各年级的内容都有详细的规定，与中国及英国的课标很相似。同时，日本小学科学课程标准，在明确了总体目标之外，还明确了各年级的具体目标，课程标准规定了3年级到6年级的各年级的具体目标。这些目标及其实现具体明确在各部分具体的授课内容上，这一点与中国及英国也很相似。

其中总目标为亲近自然，使得理科的见解、思考方式得到有效的利用。通过做实验等方式，科学地解决关于自然事物以及现象的问题，要培养几种必要的资质和能力。具体表现三个方面：①试图理解自然事物及现象，掌握观察、实验相关的基本技能。②进行观察、实验等，培养解决问题的能力。③培养热爱自然和独立解决问题的态度。

此外，培养解决问题的能力的总目标在各年级目标中具体所指的是：3 年级侧重培养对自然事物和现象的比较能力；4 年级侧重培养能够把相互之间有关系的事物和现象联系起来的能力；5 年级侧重培养设计通过控制一定的条件所进行的观察和实验的计划能力；6 年级侧重培养对事物和现象变化的原因进行多方面的思考和调查的能力。

第二节　3 年级的目标和内容

一、目标

1. 物质与能量

（1）试图理解物体的性质，风和弹力的作用，光和声音的性质，磁铁的性质以及电路的内容，掌握观察、实验等基本技能。

（2）在探究物体的性质、风和弹力的作用，光和声音的性质，磁铁的性质以及电路的过程中，基于差异点和共同点，培养发现问题的能力。

（3）在探究物体的性质，风和弹力的作用，光和声音的性质，磁铁的性质以及电路的过程中，培养自主解决问题的态度。

2. 生命与地球

（1）试图理解身边的生物、太阳和地面的样子，掌握观察、实验等相关的基本技能。

（2）在探究身边的生物、太阳和地面的样子的过程中，基于差异点和共同点，培养发现问题的能力。

（3）在探究身边的生物、太阳和地面的样子的过程中，培养自主解决问题的态度。

二、内容

1. 物质与能量

（1）物体和重量

关于物体的性质，着眼于形状和体积，通过开展物体重量比较的调查活动，指导学生掌握以下技能。

理解以下内容的同时，掌握观察、实验等相关的技能。

a. 物体形状改变但重量不改变。

b. 物体有时体积相同但是重量会不同。

在探究物体的形状、体积和重量之间关系的过程中，以它们的差异点和共同点为基础，发现关于物体性质的问题并表达出来。

（2）风和弹力的作用

关于风和弹力的作用，着眼于力和物体运动状态，通过调查活动比较它们，指导学生掌握以下技能。

理解以下内容的同时，掌握观察、实验等相关的技能。

a. 理解风会使物体运动。风力大小改变，物体运动的状态也会改变。

b. 理解弹力会使物体运动。弹力大小改变，物体运动的状态也会改变。

在探究风和弹力使物体运动起来的过程中，以它们的差异点和共同点为基础，发现关于风和弹力作用的问题并表达出来。

（3）光、声音的性质

关于光和声音的性质，着眼于当面对光时的明亮度和温暖度，物体发出声音时的震动方式，比较光强和音量大小变化的差异性和通过一些调查活动，指导学生掌握以下技能。

理解以下内容的同时，掌握观察、实验等相关的基本技能。

a. 光是沿直线传播的，可以汇集和反射。

b. 物体接受光照的时候，会改变物体的明亮度和温暖度。

c. 物体发出和传播声音的时候，物体在振动。音量大小改变的时候，物体的震动方式也会发生改变。

在探究光照明亮度和温暖度、物体发出声音时的振动方式的过程中，以它们的差异点和共同点为基础，发现关于光和声音性质的问题并表达出来。

（4）磁铁的性质

关于磁铁的性质，着眼于磁铁靠近身边物体时的样子，通过开展调查活动并比较它们，指导学生掌握以下技能。

理解以下内容的同时，掌握观察、实验等相关的基本技能。

a. 有可以被磁铁吸引的物体和不可以被磁铁吸引的物体，还有靠近磁铁就能变成磁铁的物体。

b. 磁铁同性相斥，异性相吸。

在探究磁铁靠近身边物体的过程中，以它们的差异点和共同点为基础，发现关于磁铁性质的问题并表达出来。

（5）电路

关于电路，着眼于干电池和小电珠的连接方法和连接着干电池的物体的状态，比较通电时和不通电时的连接方式，通过一些调查活动，指导学生掌握以下技能。

理解以下内容的同时，掌握观察、实验等相关的基本技能。

a. 有通电时的连接方式和不通电时的连接方式。

b. 有导电物体和不导电物体。

在探究干电池和小电珠等连接方式和不连接干电池物体的样子的过程中，以它们的差异点和共同点为基础，发现关于电路的问题并表达出来。

2. 生命与地球

（1）身边的生物

关于身边的生物，寻找和培育过程中，着眼于生物外形和周边的环境，成长过程和身体的结构，通过开展调查活动比较它们，指导学生掌握以下技能。

理解以下内容的同时，掌握观察、实验等相关的基本技能。

a. 生物的颜色、形状、大小等姿态有所不同。此外，它们的生活与周围环境相关。

b. 昆虫的成长方式是按照一定顺序进行的。成虫的身体由头、胸和腹部组成。

c. 植物的生长方式是按照一定顺序进行的。植物的身体由根、茎和叶组成的。

在探究身边生物外形过程中，以它们的差异点和共同点为基础，发现关于身边生物和环境关系、昆虫和植物生长的规律和身体的结构的问题，并表达出来。

（2）太阳和地面

关于太阳和地面关系的问题，着眼于向阳处和背阴处的样子，通过调查活动并比较它们，指导学生掌握以下技能。

理解以下内容的同时，掌握关于观察、实验等基本技能。

a. 背阴处是遮住太阳光时形成的，背阴处的位置是随着太阳位置变化而变化的。

b. 地面是由于太阳的原因而温暖起来的，向阳处和背阴处的地面温度和湿气是不同的。

在探究向阳处和背阴处的过程中，以它们的差异点和共同点为基础，发现关于太阳和地面关系的问题并表达出来。

三、内容的处理

（1）指导 A 部分物质和能量时，要制作 3 种以上的东西。

（2）关于物质和能量的磁铁部分（理解风力会使物体运动。风力大小改变，物体运动的状态也会改变），磁铁吸引物体的时，涉及磁铁和物体的距离不同，磁铁产生的磁力不同的内容。

（3）关于生命与地球第一部分身边的生物，处理以下内容：

a. 关于"昆虫的成长方式是按照一定顺序进行的。成虫的身体由头、胸和腹部组成"和"植物的生长方式是按照一定顺序进行的。植物的身体由根、茎和叶组成的"的能力培养时的内容，要实施养育、栽培。

b. 关于"植物的生长方式是按照一定顺序进行的。植物的身体由根、茎和叶组成的"能力培养时的植物的培育方法，采用夏季生一年生双子植物。

（4）关于"生命和地球"的内容中，太阳位置的变化应是从东到南、西方向的变化。另外，调查太阳位置的方位时应该是东、西、南、北。

第三节　4年级的目标和内容

一、目标

1. 物质与能量

（1）试图理解空气、水和金属的性质，电流的作用，掌握观察、实验等相关的基本技能。

（2）在探究空气、水和金属性质、电流的作用的过程中，主要以已学过的内容和生活经验为基础，培养提出有根据的猜想和假说的能力。

（3）在探究空气、水和金属性质、电流的作用的过程中，培养自主解决问题的态度。

2. 生命与地球

（1）试图理解人体的结构，动物的活动和植物成长与环境的关系，雨水的去向和地面的样子、气象现象、月亮和星星的内容。掌握观察、实验等相关的基本技能。

（2）在探究人体结构、动物的活动和植物成长与环境关系、雨水的去向和地面的样子、气象现象、月亮和星星的内容过程中，主要以已学过的内容和生活经验为基础，培养提出有根据的猜想和假说的能力。

（3）在探究人体结构、动物的活动和植物成长与环境关系、雨水的去向和地面的样子、气象现象、月亮和星星的内容过程中，培养爱护生物和独立解决问题的态度。

二、内容

1. 物质与能量

（1）空气和水的性质

关于空气和水的性质，着眼于体积和反弹力的变化，通过调查它们和压力的关系，指导学生掌握以下技能。

理解以下内容的同时，掌握观察、实验等相关的技能。

a. 压缩密闭的空气，空气的体积会变小，压力变大。

b. 密闭的空气可以被压缩，水不可以被压缩。

在探究水和空气性质的过程中，以已学过的内容和生活经验为基础，关于空气和水的体积、反弹力的变化和压力的关系，进行有根据的猜想和假说并表达出来。

（2）金属、水、空气和温度

关于金属、水以及空气的性质，着眼于体积和状态的变化，热传递的方式。通过一些调查活动把它们与温度变化建立起联系，指导学生掌握以下技能。

理解以下内容的同时，掌握观察、实验等相关的技能。

a. 金属、空气和水，加热和冷却时体积会发生变化，它们的程

度会有所不同。

b. 金属从被加热的部分开始按顺序变热，水和空气是由被加热的部分移动，乃至全体都变热。

c. 水，根据温度的不同，会变成水蒸气或者冰。水变成冰后体积增大。

在探究关于金属、水以及空气性质的过程中，以已学过的内容和生活经验为基础，关于金属、水以及空气温度变化时体积和状态的变化、热传递的方式，对它们进行有根据的猜想和假说并表达出来。

（3）电流的作用

关于电流的作用，着眼于电流的大小和方向以及干电池连接的物体的样子，通过调查它们之间的联系，指导学生掌握以下技能。

理解以下内容的同时，掌握观察、实验等相关的技能。

干电池的数量和连接方式发生改变时，电流的大小和方向会发生改变，小电珠的明暗度和马达的转动方式也会发生改变。

在探究电流作用的过程中，以已学过的内容和生活经验为基础，关于电流大小和方向以及与干电池相连接物体样子的关系，进行有根据的猜想和假说并表达出来。

2. 生命与地球

（1）人体的结构和运动

关于人和其他动物，着眼于骨头和肌肉的结构和功能，通过调查活动把它们建立起联系，指导学生掌握以下技能。

理解以下内容的同时，掌握观察、实验等相关的技能。

a. 人的身体有骨头和肌肉。

b. 因为有了骨头和肌肉的作用，人的身体可以动。

在探究人和其他动物的过程中，以已学过的内容和生活经验为基础，关于人和其他动物的骨头和肌肉的结构和功能，进行有根据的猜想和假说并表达出来。

（2）季节和生物

关于身边的动物和植物，在寻找和培育的过程中，着眼于动物的活动和植物成长与季节的变化，通过调查活动使它们之间建立联系，指导学生掌握以下技能。

理解以下内容的同时，掌握观察、实验等相关的技能。

a. 动物的活动，根据季节的冷暖的不同而不同。

b. 植物的生长，根据季节的冷暖的不同而不同。

在探究身边的动物和植物的过程中，以已学过的内容和生活经验为基础，关于每个季节的动物活动和植物生长的变化，进行有根据的猜想和假设并表达出来。

（3）雨水的去向和地面情况

关于雨水的去向和地面情况，着眼于流动的方式和渗入的方式，通过调查把它们和地面的倾斜度和土地颗粒大小建立起联系，指导学生掌握以下技能。

理解以下内容的同时，掌握观察、实验等相关的技能。

a. 是从高处向低处流动集中起来。

b. 水的渗透方式，根据土的颗粒的大小不同而有差别。

在探究雨水的去向和地面情况的过程中，以已学过的内容和生活经验为基础，关于雨水的流动方式、渗透方式和地面坡度、土颗粒大小的关系，进行有根据的猜想和假说并把它表达出来。

（4）天气

关于天气和自然界中的水，着眼于气温和水的去向，通过调查活动，把它们与天气和水的状态变化建立起联系，指导学生掌握以下技能。

理解以下内容的同时，掌握观察、实验等相关的技能。

a. 由于天气的原因，一日之内的气温的变化的方式会有所不同。

b. 水从水面或者地面开始蒸发，变成水蒸气后，包含在空气中。空气中的水蒸气，凝结后又变成水而出现。

在探究关于天气和自然界水的状态时，以已学过的内容和生活经验为基础，关于天气、水的状态变化和气温、水的去向之间的关系，进行有根据的猜想和假设并把它表达出来。

（5）月球和星星

关于月球和星星的特征，着眼于位置的变化和时间的流逝，通过调查活动把它们建立起联系，指导学生掌握以下技能。

理解以下内容的同时，掌握观察、实验等相关的技能。

a. 月球在不同日期的形状也有所不同，在一天之内由于时刻的不同，位置也有所不同。

b. 星星的聚集，在一天之内根据时刻的不同，星星的排列方式不变，但位置在变化。

在探究关于月球和星星的特征时，以已学过的内容为基础，关于月球和星星位置的变化和时间流逝的关系，进行有根据的猜想和假说并把它表达出来。

三、内容的处理

（1）关于物质和能量部分的电流的作用的"干电池的数量和连接方式发生改变时，电流的大小和方向会发生改变，小电珠的明暗度和马达的转动方式也会发生改变"的内容，处理串联连接方式和并联连接方式。

（2）指导物质和能量部分时，要做两种以上的东西。

（3）关于生命和地球部分的人体结构和运动"因为有了骨头和肌肉的作用，人的身体可以运动"的内容，处理关节的作用。

（4）关于生命和地球部分，通过一年时间观察动物和植物各两种以上的成长过程和生长过程。

第四节 5 年级的目标和内容

一、目标

1. 物质与能量

（1）试图理解物体的溶解方式，振子的运动和电流产生的磁力，掌握观察、实验等基本技能。

（2）在探究物体的溶解方式，振子的运动和电流产生的磁力时，主要以猜想和假说为基础，培养想出解决问题方法的能力。

（3）在探究物体的溶解方式，振子的运动和电流产生的磁力时，培养自主解决问题的态度。

2. 生命与地球

（1）试图理解生命的连续性、流水的作用、气象现象的规律，掌握观察、实验等基本技能。

（2）在探究生命的连续性、流水的作用、气象现象的规律时，主要以猜想和假说为基础，培养解决问题的能力。

（3）在探究生命的连续性、流水的作用、气象现象的规律时，培养自主解决问题的态度。

二、内容

1. 物质与能量

（1）物体的溶解方式

关于物体的溶解方式，着眼于溶解量和样子，通过控制水的温度和量等条件的调查活动，指导学生掌握以下技能。

理解以下内容的同时，掌握观察、实验等相关的技能。

a. 即使物体在水中溶解，水和物体混合的重量不变。

b. 物体在水中的溶解量有一定的限度。

c. 物体在水中的溶解量，根据水的温度、水量以及溶解物的不同而不同。利用这个性质，可以提取水中的溶解物。

在探究物体的溶解方式过程中，关于物体溶解方式的规律性，以猜想和假说为基础，想出解决问题的方法并表达出来。

（2）振子的运动

关于振子运动规律，着眼于振子往复一次的时间，通过控制物体重量和振子长度等条件的调查活动，指导学生掌握以下技能。

理解以下内容的同时，掌握观察、实验等相关的技能。

a. 振子往复一次的时间，不会由于物体的重量的变化而变化，会由于振子的长度的变化而变化。

b. 在探究关于振子运动规律的过程中，对于与振子往复一次的时间相关联的条件，以猜想和假说为基础，想出解决问题的方法并表达出来。

（3）电流产生的磁力

关于电流产生的磁力，着眼于电流大小和方向，以及线圈圈数。通过控制这些条件展开调查活动，指导学生掌握以下技能。

理解以下内容的同时，掌握观察、实验等相关的技能。

a. 通电的线圈，铁芯被磁化而工作，电流的流向改变，电磁铁的两极改变。

b. 电磁铁的强度，随着电流的大小和导线圈数的不同而不同。在探究关于电流产生的磁力的过程中，对于与电流产生磁力大小相关联的条件，以猜想和假说为基础，想出解决问题的办法并表现出来。

2. 生命、地球

（1）植物的发芽、生长、结果

关于植物的培育方式，着眼于发芽、生长以及结果，通过控制与他们相关联的条件展开调查活动，指导学生掌握以下技能。

理解以下内容的同时，掌握观察、实验等相关的技能。

a. 植物是基于种子中的养分来进行发芽。

b. 植物的发芽，与水、空气以及温度有关系。

c. 植物的生长，与光照和肥料等因素有关系。

d. 花有雄蕊和雌蕊，花粉到达雌蕊的顶端然后在子房里形成果实，果实里有种子。

在探究植物的培育方式时，以关于植物发芽、生长和结果相关联的条件的猜想和假说为基础，想出解决问题的方法并表达出来。

（2）动物的出生

关于动物的出生和成长，在利用鱼类生长和人的出生的资料过程中，着眼于卵和胎儿的样子，通过调查活动把它们和时间的流逝建立起联系，指导学生掌握以下技能。

理解以下内容的同时，掌握观察、实验等相关的技能。

a. 鱼类有雌雄，出生的卵随着时间的流逝，卵中的样子也在发生变化。

b. 人类，在母亲的体内成长后出生。

在探究动物的出生和成长过程中，以动物的出生和成长的样子和过程相关的猜想和假说为基础，想出解决问题的方法并表达出来。

（3）流水的作用和土地的变化

关于流水的作用和土地的变化，着眼于水的流速和流量，通过控制与它们相关联的条件的调查活动，指导学生掌握以下技能。

理解以下内容的同时，掌握观察、实验等相关的技能。

a. 流水有侵蚀土地，搬运并堆积石头和土地的作用。

b. 根据上游和下游的不同，河床的石头的大小和形状也有所不同。

c. 由于降雨方式的不同，水流量和流速也发生变化，并且因涨水土地也会有发生较大变化的情况。

在探究关于流水作用的过程中，以流水作用和土地变化之间关系的猜想和假说为基础，想出解决问题的方法并表达出来。

（4）天气的变化

关于天气的变化方式，在观测云的样子、运用影像等天气情报过程中，着眼于云量及其作用，通过调查活动把它们和天气变化建立起联系，指导学生掌握以下技能。

理解以下内容的同时，掌握观察、实验等相关的技能。

a. 天气的变化，与云量和作用相关。

b. 天气的变化，可以运用影像等气象情报进行预测。

在探究天气变化方式的过程中，以天气变化的方式和云量的作用之间的关系的猜想和假说为基础，想出解决问题的方法并表达出来。

三、内容的处理

（1）指导物质与能量部分时，要做两种以上的东西。

（2）关于物质与能量部分的"物体的溶解方式"内容中，在水溶液中，涉及溶解物均一扩散的内容。

（3）关于生命与地球部分的植物的发芽、生长和结果的内容时，处理以下内容。

"植物是基于种子中的养分来进行发芽"内容中，关于种子中的养分，要处理淀粉。

"花有雄蕊和雌蕊，花粉到达雌蕊的顶端然后在子房里形成果实，果实里有种子"内容中，要处理雄蕊、雌蕊和花蕾的关系。关于受粉，则涉及风和昆虫关系的内容。

（4）关于生命与地球的动物的出生"人类，在母亲的体内成长后出生"的内容时，不涉及人体受精的全过程。

（5）关于生命与地球的流水的作用和土地的变化"由于降雨方式的不同，水流量和流速也发生变化，并且因涨水土地也会有发生较大变化的情况"的内容时，涉及自然灾害的内容。

（6）关于生命与地球的天气的变化"天气的变化，可以运用影像等气象情报进行预测"的内容时，涉及由于台风的前进的道路的不同与天气的变化和台风和降雨之间的关系，以及相伴随的自然灾害的内容。

第五节　6 年级的目标和内容

一、目标

1. 物质与能量

（1）试图理解燃烧的组成、水溶液的性质、杠杆的规律以及电的性质和作用，掌握观察、实验等相关的基本技能。

（2）在探究燃烧的组成、水溶液的性质、杠杆的规律以及电的性质和作用的过程中，主要对它们的组成和性质、规律以及作用，培养想出更妥当的想法的能力。

（3）在探究燃烧的组成、水溶液的性质、杠杆的规律以及电的性质和作用的过程中，培养自主解决问题的态度。

2. 生命与地球

（1）试图理解生物体的结构和功能，生物和环境间的关系，土地的结构和变化，月亮外表形状和太阳的位置关系，掌握与观察、实验相关的基本技能。

（2）在探究生物体的结构和功能，生物和环境间的关系，土地的结构和变化，月亮外表形状和太阳的位置关系的过程中，主要对它们的功能和联系，变化和联系，培养思考出更妥当想法的能力。

（3）在探究生物体的结构和功能，生物和环境间的关系，土地的结构和变化，月亮外表形状和太阳的位置关系的过程中，培养尊重生命的态度和自主解决问题的态度。

二、内容

1. 物质与能量

（1）燃烧的组成。

关于燃烧的组成，着眼于空气的变化，通过开展多方面的关于物质的燃烧方式的调查活动，指导学生掌握以下技能。

理解以下内容的同时，掌握观察、实验等相关的技能。

植物体在燃烧时，空气中的氧含量被消耗，形成二氧化碳。

在探究燃烧的组成过程中，关于物质燃烧后的变化，形成更加妥当的想法并表达出来。

（2）水溶液的性质

关于水溶液的性质，着眼于溶解着的物质，通过多方面开展的由于溶解物的差异导致水溶液性质和作用差异的调查活动。

理解以下内容的同时，掌握观察、实验等相关的技能。

a. 水溶液，有酸性、碱性和中性。

b. 水溶液可以溶解气体。

c. 水溶液可以使金属发生变化。

在探究水溶液性质和作用的过程中，对溶解物的不同，其性质和功能也不同，形成更加妥当的想法并表达出来。

（3）杠杆的规律

关于杠杆的规律，着眼于施力的位置和力的大小，通过多方面开展的杠杆功能的调查活动，指导学生掌握以下技能。

理解以下内容的同时，掌握观察、实验等相关的技能。

施力的位置和力的大小发生变化时，杠杆的倾斜作用发生变化，杠杆平衡时与它们之间有规律性。

在探究关于杠杆规律性的过程中，对施力的位置、力的大小和杠杆功能之间的关系，形成更加妥当的想法并表达出来。

（4）电的利用

关于发电和蓄电，电的变换，着眼于电量和功能，对它们进行多方面的调查活动，指导学生掌握以下技能。

理解以下内容的同时，掌握观察、实验等相关的技能。

a. 电可以制造和储存。

b. 电可以变成光、声音、热、运动等形式。

c. 在身边，有利用电的性质和功能的道具。

在探究关于电的性质和功能的过程中，对电量和功能之间的关系，充电和蓄电以及电的变换，形成更加妥当的想法并表达出来。

2. 生命与地球

（1）人体的结构和功能

关于人和其他动物，着眼于身体的结构和呼吸、消化、排泄和循环的功能，通过多方面的开展维持生命功能的调查活动，指导学生掌握以下技能。

理解以下内容的同时，掌握观察、实验等相关的技能。

a. 在体内吸收氧，向体外排出二氧化碳等物质。

b. 食物通过口腔、胃、肠等来进行消化和吸收，吸收不了的物体就被排出。

c. 血液由于心脏的作用在体内循环，运输养分、氧气以及二氧化碳等物质。

d. 在体内，有维持生命的各种各样的脏器。

在探究关于人和其他动物的身体的结构和功能过程中，对身体的结构和呼吸、消化、排泄和循环作用，形成更加妥当的想法并表达出来。

（2）植物的养分和水的通道

关于植物，着眼于它们身体的结构，体内的水分等物质的去向以及叶子制造养分的功能，通过多方面的开展维持生命功能的调查活动，指导学生掌握以下技能。

理解以下内容的同时，掌握观察、实验等相关的技能。

a. 植物的叶在接受光照后，可以产生淀粉。

b. 在根、茎和叶中，有水的通道，从根吸收进来的水分主要通过叶的蒸腾作用排出。

在探究关于植物的身体结构和功能的过程中，对身体的结构、体内的水分等物质的去向以及叶子制造养分的功能，形成更加妥当的想法并表达出来。

（3）生物和环境

关于生物和环境，在观察动物和植物的生活和运用资料的过程中，着眼于生物和环境之间的关系，对它们进行多方面的调查活动，指导学生掌握以下技能。

理解以下内容的同时，掌握观察、实验等相关的技能。

a. 生物通过水和空气与周围的环境建立起联系来生存。

b. 生物之间，存在吃与被吃之间的关系。

c. 人与环境存在一定关系，人要设法生活。

在探究关于生物和环境的过程中，对于生物和环境之间的关系，形成更加妥当的想法并表达出来。

（4）土地的结构和变化

关于土地的结构和变化，着眼于土地和其中所包含的物质，通过多方面的开展土地的结构和形成方式的调查活动，指导学生掌握以下技能。

理解以下内容的同时，掌握观察、实验等相关的技能。

a. 土地由砾石、砂、泥和火山灰等组成，是有层状结构和有一定面积的东西。层中含有化石。

b. 地层是由于流水作用和火山喷火而形成的。

c. 土地是由于火山喷火和地震而变化的。在探究土地的结构和变化的过程中，关于土地的结构和形成方式，形成更加妥当的想法并表达出来。

（5）月球和太阳

关于月相的变化，着眼于月亮和太阳的位置，对它们的位置关系进行多方面的调查活动，指导学生掌握以下技能。

理解以下内容的同时，掌握观察、实验等相关的技能。

a. 月亮闪亮的一侧有太阳。月相的变化，根据太阳和月亮位置关系的不同而发生变化。

b. 在探究月亮形状的外貌的过程中，对月亮的位置、形状和太阳的位置之间的关系，形成更加妥当的想法并表达出来。

三、内容的处理

（1）指导物质和能量时，要做两种以上的东西。

（2）关于物质和能量的电的利用的"电可以制造和储存"内容时，作为发电的道具，处理手摇发电机、光电池等物。

（3）关于生命和地球的人体的结构和功能，处理以下内容。

a. 关于"血液由于心脏的作用在体内循环，运输养分、氧气以及二氧化碳等物质"的内容中，涉及心脏的搏动和脉动的关系。

b. 关于"在体内，有维持生命的各种各样的脏器"的内容中，涉及作为主要脏器的肺、胃、小肠、大肠、肝脏、肾脏和心脏。

（4）关于生命和地球的生物与环境，处理以下内容：

　　a. 关于"生物通过水和空气与周围的环境建立起联系来生存"的内容中，涉及水循环内容。

　　b. 关于"生物之间，存在吃与被吃之间的关系"的内容中，涉及对水中小的生物的观察，它们成为了鱼类的食物。

　　(5) 关于生命和地球的土地的结构和变化，处理以下内容：

　　a. 关于"地层是由于流水作用和火山喷火而形成的"的内容中，作为流水作用形成的岩石，能够判断砾石、砂岩、泥岩的联系和区别。

　　b. 关于"土地是由于火山喷火和地震而变化的"的内容中，涉及自然灾害的内容。

　　(6) 关于生命和地球的月球和太阳的"月亮发光的一侧有太阳。月相的变化，根据太阳和月亮位置关系的不同而发生变化"的内容中，处理从地球上看太阳和月亮的关系的内容。

第六节　指导要领的制订和内容的处理

　　(1) 制订指导计划时，要顾及到以下事项：

　　a. 通过单元的内容和课程计划，培养学生的资质和能力，利用儿童主体、对话试图实现深度的学习。这时候，遵循了理科的学习过程的特点，使得理科的见解、思考方式得到有效的利用。通过做实验等方式，科学地解决关于自然事物以及现象的问题。

　　b. 关于各个年级的思考力、判断力和表现力，只提到了主要的项目而已，在实际的指导的时候也要十分考虑在其他年级培养这种能力。

c. 关于有障碍的儿童，针对他们开展学习活动较困难的情况，应有计划、有组织地给予相应的指导内容和指导方法。

d. 第一总章的第一点第二项以道德教育为基础，而且要考虑到与道德课的关联，第三章关于主题道德学科的第二项的内容，应相应考虑到理科的特点给予适当地指导。

（2）关于第二项内容的处理，要顾及到以下事项：

a. 重视关于发现问题、猜想假说、观察、实验等方法来考虑和说明的学习活动，重视对观察、实验结果进行整理考查的学习活动，重视利用科学的语言和概念考虑和说明的学习活动，根据以上内容，充实语言活动。

b. 指导观察、实验时，对应指导内容可以适当使用电脑、网络。在第一总章的第三项的 1 提出的让学生体验程序编程掌握理论思考力的学习活动中，要考虑到儿童的负担，第二项各学年内容的第六学年的 A 物质和能量中的第四项捕捉利用电的性质和作用的道具，根据相应的条件来进行活动，条件变了，也要考虑到活动的变化。

c. 指导生物、天气、川和土地时，在多体验和开展亲近野外自然活动的同时，培养尊重生命、保护自然环境的态度。

d. 指导天气、川和土地时，试图对灾害进行基本的理解。

e. 在推进儿童自主解决问题的同时，要充实与日常生活和其他科目等相关联的学习活动，充实基于目标的设定、控制调节等思考方法的学习活动。

f. 试图将博物馆和科学学习中心联合，并积极地利用它们。

（3）在指导观察、实验时，要十分注意防止事故的发生。在注意环境配备的同时，在使用药品方面也要采取适当的措施。

参 考 文 献

［1］ 孙宏安．中美《科学课程（教育）标准》比较［J］．比较教育研究，2003，24
（10）：45－50．

［2］ 李淑淑．国内外小学科学课程标准目标和内容的比较研究［D］．重庆：西南大学，
2013．

［3］ 陈超．上海与美国马萨诸塞州小学科学课程标准比较研究［D］．上海：上海师范
大学，2009．

［4］ 孙建．中美小学科学课程标准比较研究［D］．扬州：扬州大学，2013．

［5］ 刘继和．日本新订小学理科课程标准述评及其对我国的反思［J］．外国教育研究，
2010（4）：69－73．

［6］ 王丹．中日美小学科学课程标准比较研究［D］．成都：四川师范大学，2013．

［7］ 熊艳．中英小学科学课程标准比较研究［D］．北京：首都师范大学，2006．

［8］ 刘恩山．《义务教育小学科学课程标准》的变化及其影响［J］．人民教育，2017
（7）：46－49．

［9］ 孟令红．日本小学科学课程标准的历次修订对我国的启示［J］．全球教育展望，
2016，45（6）：68－76．

［10］ 孟令红．日本小学科学课程标准介绍［J］．科学课，2007（7）：42－43．

［11］ 何玉海，王传金．论课程标准及其体系建设［J］．教育研究，2015（12）：89－98．